德勤新视界

2015 年（总第四辑）

新常态 新金融

德勤中国 编

Innovation · Impact · Leadership

大胆求新 · 深远影响 · 卓越领导

上海交通大學出版社
SHANGHAI JIAO TONG UNIVERSITY PRESS

内容提要

本书以新常态 新金融为主题，分析了金融、电力、零售业、制造业、汽车等领域的最新趋势及领先理念。具体内容有：新常态 新金融、高科技企业重拾快速增长、中国装备制造业服务创新调查、中国电力行业新兴议题、引爆新媒体时代、变化中的交通模式、零售业成功之道、避开创新中的行为陷阱，等等。

本书适合对宏观经济、行业趋势、企业管理等话题感兴趣的商界人士以及相关领域的管理层阅读和参考。

图书在版编目（CIP）数据

新常态 新金融 / 德勤中国编 . —上海：上海交通大学出版社，2015
（德勤新视界）
ISBN 978-7-313-12841-6

Ⅰ . ①新… Ⅱ . ①德… Ⅲ . ①金融业 – 研究 – 中国 Ⅳ . ① F832

中国版本图书馆 CIP 数据核字（2015）第 068099 号

新常态 新金融

编　　者：德勤中国
出版发行：上海交通大学出版社　　地　　址：上海市番禺路 951 号
邮政编码：200030　　电　　话：021-64071208
出 版 人：韩建民
印　　制：上海华业装潢印刷有限公司　　经　　销：全国新华书店
开　　本：787mm × 1092mm 1/16　　印　　张：5.25
字　　数：112 千字
版　　次：2015 年 5 月第 1 版　　印　　次：2015 年 5 月第 1 次印刷
书　　号：ISBN 978-7-313-12841-6/F
定　　价：80.00 元

前言

刚刚结束的全国两会上，李克强总理就 2015 年中国发展方向做出指示，中国经济步入改革关键年，整体呈现增速放缓、趋于稳定的势头。

保持中高速经济增长和经济发展方式转变，以及对产业结构进行深度调整等，是中国经济新常态的要求。在此背景下，宏观政策将侧重定向调控和精准施策。随着积极的财政政策和稳健宽松的货币政策的实施，金融行业迎来改革的继续深化。从利率市场化的加速推进，到金融准入的放开和国资改革的提速；从金融机构转型规范经营到风险管理能力的提升，从直销银行的发展到互联网金融的兴起，作为承担协助经济运转和资源配置重要责任的金融行业，到底将呈现怎样的发展形态？本辑的封面文章《新常态 新金融》，将从多个角度为您展开 2015 年金融行业的关键趋势。

传统实业也将迎来变革中的新发展。作为“十二五”规划重点关注的战略新兴行业，先进装备制造是中国制造业升级的关键领域，以信息化和智能化融合为核心的中国工业 4.0 进程在深化，《中国装备制造业服务创新调查》从探讨装备制造业的差异化竞争入手，深入研究中国制造业的服务化创新。

以互联网技术为重要驱动力的新经济模式依然处于快速的更新迭代。新媒体的爆发式增长推动了广告业的创新，也开创了社交媒体的春天，《引爆新媒体时代》通过大范围的用户问卷调查，剖析中国媒体消费者的现状和心态；《变化中的交通模式》则从伴随互联网发展而成长的年轻一代消费者的视角，探索汽车制造商与消费者的互动，以满足更为复杂的需求。

在每辑最受欢迎的《管理智慧》栏目中，德勤全球咨询的资深零售业专家从“质量胜于价格”和“增收重于降本”两方面启发龙头零售企业进行全渠道拓展。

祝开卷愉快！

谢其龙
德勤中国首席执行官

萧耀熙
德勤中国客户、行业与市场战略主管合伙人

德勤新视界

2015年（总第四辑） 目 录

7

19

35

59

69

新常态已然成为诠释中国经济发展现状和未来方向最热门的术语。中国经济正在向形态更高级、分工更复杂、结构更合理的阶段演化。

新常态 新金融

文 / 许思涛 黄 伟

新常态（New Normal），在过去一年已然成为诠释中国经济发展现状和未来方向最热门的术语。2014 年 12 月中央经济工作会议提出中国在消费需求、投资需求、出口和国际收支、生产能力和产业组织方式、生产要素相对优势、市场竞争特点、资源环境约束、经济风险积累和化解以及资源配置模式和宏观调控方式等方面都发生了趋势性变化，表明经济正在向形态更高级、分工更复杂、结构更合理的阶段演化。同时，强调在未来，中高速增长、发展方式转变、结构深度调整、发展动力转向是中国经济新常态的基本特征。

有别于数年前的金融危机，在应对此轮经济下行压力和实现经济转型升级的过程中，定向调控和精准施策将是中国宏观政策的基本思路。2015 年中央和地方财政预算草案报告显示，政府将继续实施积极的财政政策，全国财政赤字预算 1.62 万亿元，比 2014 年增加 2700 亿元。而且，不仅从总量上加大了对经济发展的支持力度，在结构上也注意发挥先导和优化的作用。同时，从 2014 年 7 月 1 日开始实施的营业税改征增值税行业范畴有望进一步扩大，通过降低税负来增强实体企业活力，扩大民间资本投资信心，进而获得相对稳定的经济增长。

由于通胀走低、2月份官方PMI仍低于枯荣线、地产销售年初以来持续放缓，业内普遍预期比稳健更为宽松的货币政策。2015年3月1日，中国人民银行宣布三个月内的第二次降息，将存贷款基准利率下降0.25个百分点；3月3日，央行在降息之后的首次公开市场操作中继续向市场注入流动性，开展350亿7天逆回购；4月19日，央行再次宣布自2015年4月20日起，普降金融机构存款准备金率1.0个百分点，并有针对性地实施定向降准措施，对农村金融机构额外降准1个百分点，进一步释放流动性。同时，货币政策也将着力调整结构，优化信贷投向，加大支农、支小再贷款和再贴现力度，提高金融服务小微企业、“三农”和支持服务业、节能环保等重点领域及重大民生工程的能力。

在这样的宏观背景下，作为承担着协助经济运转和资源配置重要责任的金融行业在2015年将呈现怎样的发展趋势呢？我们认为，2015年金融改革将继续深化，促进行业竞争和有序发展；金融机构将密切关注资产质量和风险管理，积极探索新的业务和盈利模式。具体来看：

一、*利率市场化改革加速推进*

2015年3月，央行在宣布降低存贷款基准利率的同时，也将存款利率上限由1.2倍扩大至1.3倍，加速利率市场化改革进程。随着利率市场化的推进和互联网金融的发展，银行存款外逃，理财化的趋势已成必然。存款的竞争显得较为激烈，“一浮到顶”的策略也将给银行的负债成本带来负担。2014年中国商业银行存贷款利息净收入占营业净收入比例为48%，比2011年下降了7.3个百分点。随着利率市场化程度逐步提高，利差将进一步收窄，利息收入占比将进一步下降，商业银行需要建立和完善市场化的利率定价机制来应对相应挑战。展望未来，作为利率市场化改革配套系统的存款保险制度以及面对企业和个人的大额存单预计2015年年内将会正式推出。

二、*金融准入进一步放开*

2015年3月5日，国务院总理李克强在政府工作报告中表示将不设限额推动具备条件的民间资本依法发起设立中小型银行等金融机构。这些民营银行将给金融行业注入一股新的力量，而且从目前试点银行自身定位以及宏观政策的引导性来看，将主要服务于当地的小微企业和消费者，以便更好地促进实体经济发展和结构转型。2014年11月颁布的《中华人民共和国外资银行管理条例》修改版进一步放开了外资银行在中国的设立和运营的限制。同时，信贷资产证券化试点对外资行也于2014年底开放，三家外资银行——汇丰、华商以及渣打银行在2015年前两个月已经各自发行了一款此类产品，并首次把银团贷款放入资产池。金融行业准入的进一步开放，将加剧行业竞争，业绩分化扩大，差异化竞争战略势在必行。

三、金融国资改革提速

在中国金融体系逐步自由化和市场化、混业经营趋势加剧的背景下，金融国资企业的改革也加速推进。目前，包括央企、地方国资在内的各方资金力图获得金融全牌照，构建金融控股平台，实现国资保值增值或开拓新的商业模式。金融国资企业改革的另一方案是混合所有制改革，由于金融行业对于国民经济的重要性，金融国资的混改比较谨慎。目前已经较为明确混改的金融企业已经涉及银行、券商、保险、基金等主流行业。其中，国元集团、新华保险、中国太保均已提出相应的实施方案。2015 年，部分现有央企或地方国资旗下的金融控股平台预计将通过整体上市或证券资产优先上市的方式实现证券化，民营资本参与金融国资混改的意愿和力度将有赖于金融业自由化的加深和国资改革顶层设计的出台。另一方面，作为金融企业提升经营效率的激励相容机制，也将开展试点改革 。[1]

四、监管转型促进规范经营

中国银监会在年初启动监管机构改革进程，一方面下放地方性金融机构日常市场准入权力给注册地所在银监局，体现"宽管制"导向；另一方面，新组建信托部、城商部、普惠金融部，细化监管分工，优化分类监管机制，提升专业化监管水平。保险业方面，监管层同样以简政放权为切入点，积极推进保险资产管理市场化改革，推行保险资产管理产品注册制，拓宽投资渠道，简化投资比例，支持业务创新。同时，比照国际经验，保险业也在 2015 年进入新型风险管理模式——"偿二代"的实施准备期，其中包括定量资本要求、定性监管要求和市场约束机制等三大支柱及 17 项监管规则，将使保险公司更加注重资本成本和资本使用效益，并更积极地提升风险管理能力。

五、银行资产质量堪忧

银行业资产和利润持续多年的高速增长随着经济增速降缓。2014 年银行业贷款增速已降至 13.5%，比前 5 年平均增速下降了 6.5 个百分点；商业银行净利润同比增长 9.7%，比前 5 年平均下降了一半多。同时，近年来实体经济积累的一些压力已经越来越多反映到银行信贷质量上，典型表现就是银行业不良贷款余额和比率持续"双升"。截至 2014 年末，中国商业银行不良贷款余额达 8426 亿元，已连续 12 个季度上升；不良贷款率为 1.25%，较年初上升 0.22 个百分点。银行资产质量问题已经从长三角蔓延到其他沿海省份，如山东、广东、福建，预计将逐步蔓延到中部和西部地区；批发和零售业仍然是重灾区。虽然宏观政策趋于宽松以保持经济增长速度和保障资产质量，但实体经济在 2015 年获得实质流动性并得以大幅改善的可能性较小。因此，我们预计 2015 年不良贷款率和余额可能会持续上升。

六、直销银行遍地开花

近些年互联网信息技术高速发展，并不断渗透到人们日常生活的方方面面，互联网金融随之迅速发展。随着客户的金融需求不断向着多元化趋势发展，银行业从商业模式到渠道、产品和服务都在发生着巨大的变革；而网络直销银行的低成本、便捷性和易用性被认为是中国银行业最近的颠覆性创新举措。2014 年 2 月，民生银行率先正式上线直销银行，目前国内已经有兴业银行、南京银行、平安银行等 19 家银行推出了直销银行。直销银行突破了传统实体网点的经营模式，通过互联网渠道拓展客户，包括建立官网、手机直销银行 APP 和第三方渠道合作，推广互联网综合智能理财概念，在线开立账户并提供存款、理财（基金、保险）、信用卡还款、ATM 取现、小额信用贷款、P2P 等金融产品和服务[2]。这些基于互联网平台的直销银行业务能够得到较快的发展和复制，所以预计更多股份制商业银行将在 2015 年推出类似业务，来分流传统商业银行的个人金融类业务。但是，直销银行也需要不断地完善客户体验、优化业务流程、丰富产品种类、提高服务质量、保障交易和资金的安全。

七、互联网证券业务蓬勃发展

2014 年 3 月 25 日，在国务院提出“促进互联网金融健康发展，提高证券期货服务业竞争力”的要求下，中国共有 35 家证券公司获证监会批准开展互联网证券业务试点资格（截至 2014 年底）。最早的 6 家公司上报的互联网证券业务方案主要是通过互联网完善客户账户服务体系，均以客户需求为核心、以提升客户体验为导向，对公司现有业务或平台进行整合或重构。互联网证券业务是券商互联网金融模式的一个选择，在市场化竞争中展开业务结构调整将有可能引发行业佣金率趋势性下滑。同时，券商将打造综合业务系统平台作为转型目标，增加客户黏性，建立金融互联服务平台。展望 2015 年，大型券商将通过金融互联服务平台开展互联网证券业务，明晰客户类型，为客户提供一站式便利服务；中小型券商将进一步挖掘与第三方平台的合作深度和广度。

八、银行或领证券牌照

2015 年 3 月 6 日，证监会表示，正研究商业银行等其他金融机构在风险隔离基础上申请证券期货业务牌照有关制度和配套安排。虽然有关政策的公布、实施尚无明确时间表，但有消息称中国建设银行已经向监管机构申领内地券商牌照。实际上，国有大银行已在保险、信托、基金、海外证券先行试水，唯独在内地证券业务上还没有开放。当前银行业面临整体业绩增速放缓、资产质量下降的压力，涉入内地券商业务，提供直接和间接融资全流程融资服务，无疑对银行的业绩提升具有积极作用。银行在渠道、客户、团队等方面的优势将大大加剧证券业务的竞争。未来银行从营收上有可能成为证券业的主力，中小券商则向更专业的方向发展。关于进入证券业的路径，四大国有商业银行由于已经筹备申领，预计有可能在 2015 年年内组建内地证券公司，其他银行则可能通过海外证券平台获取 A 股券商牌照或参股、控股现有券商。

九、资产证券化迅速发展

信贷资产证券化为银行带来了多样化的资金来源，可以有效盘活存量资产，以更好地支持实体经济的发展。该类业务在2014年已经出现了扩张的趋势，统计数据显示，2014年，中国信贷资产证券化的发行规模约为2770亿元，远远超过了历史规模的总和[3]。2014年11月银监会宣布信贷资产证券化业务将由审批制改为业务备案制，不再针对证券化产品发行进行逐笔审批，不再打开产品资产包对基础资产等具体发行方案进行审查。随着备案制实施以及发行主体、基础资产的逐步放开，信贷资产证券化的放量增长将成为必然。目前已经有27家银行首批获得开办信贷资产证券化业务资格，此数目还在不断增加。2015年以来，先后共有13家银行发行了信贷资产证券化产品，总规模已经超过了350亿元[4]，基础资产已经由对公业务的贷款资产拓展到了小额贷款、个人住房抵押贷款的资产包。预计2015年基础资产类型将更加丰富，如抵质押贷款、最高额保证贷款、融资租赁款、房地产贷款、信托收益权等。

十、保险另类投资持续上升

从2012年末开始，保监会陆续颁布新政，拓宽了保险资金运用的范围，从存款、证券投资基金等有价证券及不动产，扩大至证券化金融产品、非上市股权、金融衍生品、境外投资等。2014年，保监会又陆续放开了创业板上市股票、集合资金信托计划，以及创投基金等。特别是债权投资计划、不动产投资计划、创新类金融产品、投资性房地产的投资快速增长。到2014年底，这些另类投资的占比达到23.67%，增长非常迅猛[5]。2015年初将启动万能保险的费率改革，并改革分红保险的费率，全面实现人身保险的费率市场化。保险机构的定价自主权将有所增加，但同时会加剧市场竞争，造成投资收益下行，使得保险机构的资产负债管理难度不断增加。因此，展望未来，保险机构将通过在资产端适度拉长投资资产期限以及提升高收益率资产配比，拓展多元化投资，激活市场活力，使保险业投资收益率得到有效提升。但是，另类投资的流动性较低，市场活跃不如传统投资产品，保险机构将需要进一步提升相关风险的管理能力。

许思涛 | 德勤中国首席经济学家 合伙人　　sxu@deloitte.com.cn
黄　伟 | 金融、地产、资本市场研究员　　vivihuang@deloitte.com.cn

尾注

1. 刘俊．金融国资改革系列二：精选投资组合以待风起．长江证券，2015-01-25.
2. 王建宇，薛杰．直销银行模式探索[J]. 中国金融，2015(4).
3. 中诚信国际.2015中国信贷资产证券化展望.2015年1月8日。
4. 袁盼锋．信贷资产证券化松绑扩围，规模增加谨慎风格不变[N]. 财经周报，2015-03-08.
5. 中国保监会.2015年1月26日。

德勤通过十年间对中国中小企业从初创到成长再到成熟的发展历程的观察，希望找到中国科技企业在快速发展中共同面临的挑战，并尽力给出破解之法。

高科技企业重拾快速增长

文 / 侯珀　周锦昌　李美虹

二零一四年全球资本市场的最大惊喜无疑属于中国。2014 年 9 月 19 日晚，阿里巴巴正式在美国纽交所挂牌交易，以 218 亿美元成为全球规模第三大的 IPO 交易，并一举跃升为全球第二大市值的互联网公司。毫无疑问，中国高科技企业的快速成长已经引起世人瞩目。德勤通过十年间对中国中小企业从初创到成长再到成熟的发展历程的观察，希望找到一些中国科技企业在快速发展中共同面临的挑战，并给出破解之法。

一、高科技高成长企业的发展特征

从2005-2014年，德勤选取三年营业收入增长速度最高的50家高科技企业（被分析的三个年度中的第一年营业收入不少于200万元人民币），来观察中国科技产业的快速发展。回顾这十年高科技高成长企业的发展，我们得到了如下发现。

（一）十年内科技企业发展增速基本同GDP增速正相关

在过去十年间，中国经济发展增速逐步趋缓，而中国科技企业从整体上来看，其增速与GDP增速正相关（见图1）。经历了2007-2009年的大量资本注入，科技企业发展迅速，达到增速的高峰。2010年为调整后的低谷，随后2011年科技企业增速又恢复小幅攀升，但平均增速均未超过2011年的高峰。

图1 2005-2014年GDP增速与上榜企业平均增速

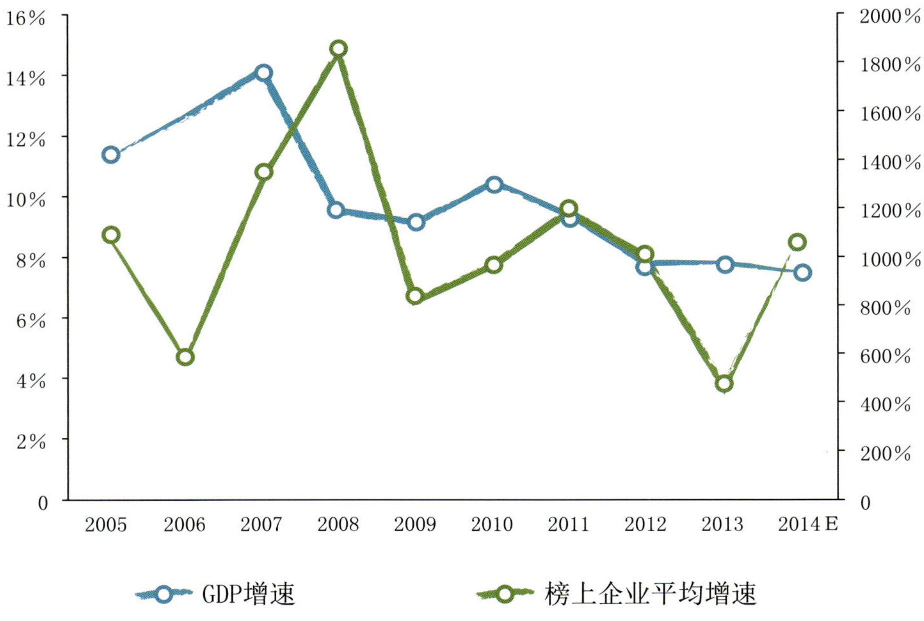

（二）上市企业数量占比及上市地区分布

从企业上市的角度来看，入选时未上市企业达307家，占83%；已上市企业达61家，占17%。从企业上市区域来看，选择在美国上市的企业数量占比最高，达47%；中国内地其次，占31%；中国香港占13%，其他地区还有9%（见图2）。

（三）二线城市科技企业发展提速

从地区分布来看，北京仍然是科技企业聚集最多的地方，占全部的44%。上海和深圳分别占到第二和第三位，占比分别为14%和13%（见图3）。

图 2 2005-2014 年上市企业数量占比及地区分布

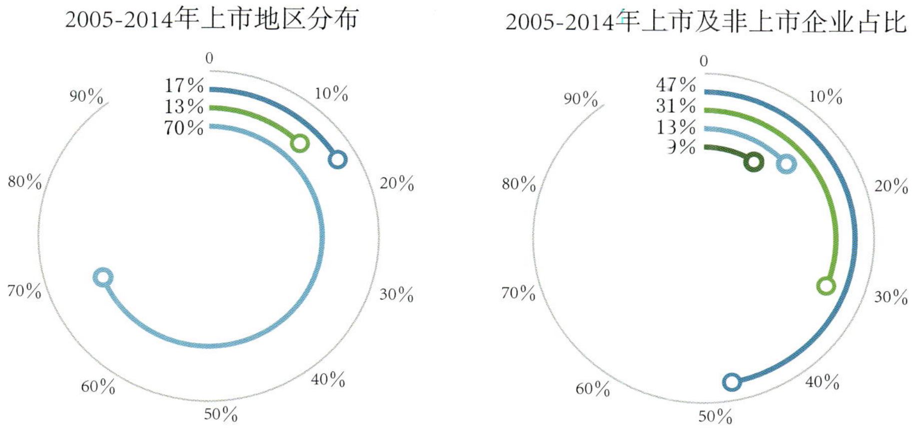

图 3 上榜企业所在城市分布

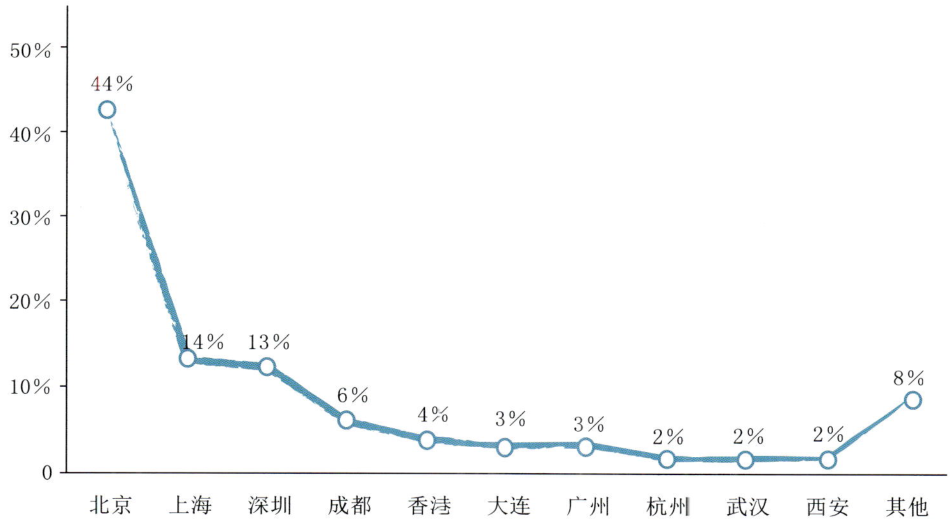

在 2014 年的 50 家企业中，成都地区的企业数量达到 15 家，占到全部的 30%，成为科技企业发展速度最快的地区。与此同时上升较为明显的地区还有深圳、西安、武汉以及大连，但同时北京和上海的企业数量却在 2010 年后不断下降。

（四）行业占比

从细分行业来看，软件 / 系统集成、互联网 / 新媒体、通信 / 网络成为占比最高的三大行业，比例分别达到 22%、17% 以及 14%（见图 4）。

从十年间行业发展的趋势来看，软件与系统集成一直保持着较高的发展速度，且还在继续增长。从 2010 年开始，教育、节能环保、电子商务、半导体 / 仪器设备等行业逐步增多，尽管入围企业较少，但未来发展趋势依然看好。

图 4 2005-2014 年上榜企业行业分布

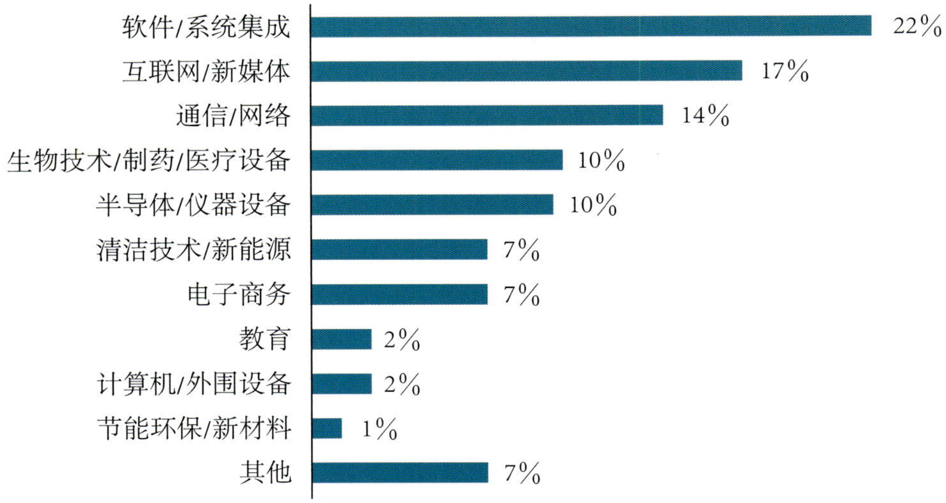

二、高科技高成长企业面临的挑战

随着这些高科技企业的成长，德勤也发现在高科技企业高速成长的背后，蕴含着众多的挑战。其中有六个方面的挑战与风险较为突出，主要集中在创新机制、组织机构设置、人才管理、融资管理、风险管理以及税务管理等方面。

（一）为了创新而创新

在中国经济增速趋缓的大背景下，科技企业都把目光更多地聚焦于创新管理上，以期创新带动新的需求、市场及生产力。但是盲目地创新是危险的，更不能为了创新而创新。作为管理者，不要批评一些产品没有创新，不要批评公司发展太慢，不要迫使研发人员不断公布新的研发成果。真正有意义的创新，在良性发展的机制下，技术积累和产品革新从量变到质变，自然会开花结果。

另外一点关于创新的提醒，则是多数创新来自点点滴滴。几乎所有优秀企业都在不断利用创新的技术与商业模式，创造了本行业令竞争对手望尘莫及的领先优势。但这看似神秘的创新能力，实际是企业按部就班，在执行创新战略时不断积累而成的科学的、大胆的、为企业实现高附加值的工作成就，而并不是仅靠一些科学家或工程师偶然的灵光闪现就可以实现的。

（二）机构的复杂性降低了企业的灵活性

企业要想保持增长，就要不断扩大经营范围，但是企业如果不建立正式的组织结构、流程和控制，就无法有效地调整其运营范围。组织结构的过快发展会阻碍企业营造成功的文化氛围，更为重要的是，它会降低企业的灵活性。当管理层级增加时，就会衍生出大量的数据、信息和情报，从而使公司的决策程序复杂化。

众所周知的小米公司，2500人左右的规模，其组织架构基本上是三级：七个核心创始人、部门领导、员工。除七个创始人有职位外，其他人都没有职位，都是工程师，晋升的唯一奖励就是涨薪。这样的管理制度减少了层级之间互相汇报造成的时间浪费，也减少了因晋升而造成的竞争排挤等现象。当然这在互联网领域也是不常见的，但是为了企业保持轻快的发展，我们对组织的机构考量可以更大胆一些。

组织结构的发展没有止境，企业要不断地进行组织变革以应对不断变化的、复杂化的业务。要建立合理的组织结构，需要平衡速度、效率以及充分的管控三者之间的关系，必要时也可通过重组来保证战略的有效实施。

（三）人才发展与企业未来只是短暂关联

谈到人才与绩效管理，85%的企业高管都认为人才是企业发展最重要的挑战。特别是在科技企业，企业的竞争力很大程度上就是人才问题。企业如何认定人才、吸引人才、并留住人才，都是管理者时时刻刻需要面对的挑战。曾有某家游戏公司的CEO明确表示，自己最大的任务就是在高流动的条件下找到高水平的游戏开发人才。更多的企业则表示，公司有各种福利，薪资水平也不算低，还有各种激励机制，但是依然很难找到所需人才。

访谈中发现，一些优秀企业在人才管理中的成功经验是，把个人发展的目标和长期的激励相结合，使得人才发展和企业发展紧密结合在一起。给人才提供尽情发挥才能的舞台。不仅是股权激励，还有很多细节方面也可以延长与人才的关联。例如研发人员的专利奖励，不再设定为一次性奖励，而是变成专利转化后的长期分红激励，骨干员工可以在一定时期内分到不同比例的销售提成，这样既保持了人才工作的积极性，又可以在研发时充分考虑市场的应用性。

此外，不要等到创新程序完成后才去奖励人才，如让人才将全部时间用于该项目，或是投入更多资源，或是给员工升职。这些奖励措施无法决定一个项目的成败，但是管理者对于这个创意的投入将鼓励团队全力以赴。

同时要记得将骨干人才提升为事业合伙人。让他们知道并看到，他们并不只是给老板打工，给投资人打工，他们也是为自己打工。让他们相信，最好的投资就是投资自己的事业。

（四）只有现金流不畅时才考虑融资

很多企业倾向于利用它们的全部资源满足现有需求。因此，如果有人提出应该把宝贵的资源与管理经理全部集中到融资活动，而不是市场活动中时，就有许多人无法理解。具有相关融资知识和技能的人往往是日常经营业务的重要人物，当他们身陷其中，也就没有精力去关注核心业务以外的问题。但其实，好的融资可以帮助企业更好地实现扩张并规避风险。同时也需要提醒管理者们在制定公司远景规划时不要忽略融资问题。

图5 融资计划过程五步骤

此外，选择适当的融资渠道时，公司需要考虑几方面的因素。包括对于稀释所有权与控制权的态度，除资本外是否要求投资机构提供增值服务，以及是否计划未来再融资（见图6）。

图6 选择投资机构的因素

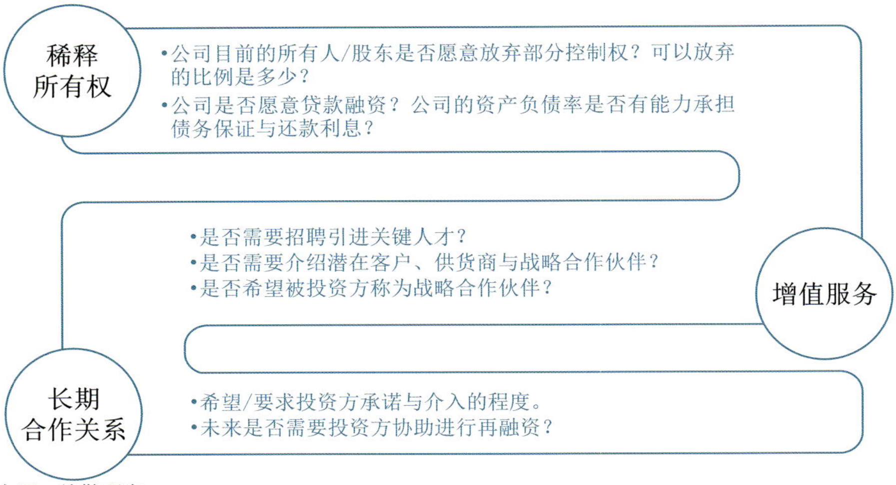

数据来源：德勤研究。

（五）风险已经升级，企业管理还未升级

高风险是高科技企业的另一大特点，在面临互联网和云计算等技术的快速更迭时，风险也在逐步升级。在追求高增长战略的同时确定市场、财务和经营风险，并将风险降到最低是一项艰巨的任务。风险管理可以帮助企业在风险与管理目标间取得平衡，同时绕开实现战略目标过程中的障碍。很多管理者并未认识到，风险管理是企业的生活方式，而不只是后台职能。这里我们描绘出一个管理风险框架（见图7），建议企业有效组织以提高对风险的防范意识。

图7 管理风险框架

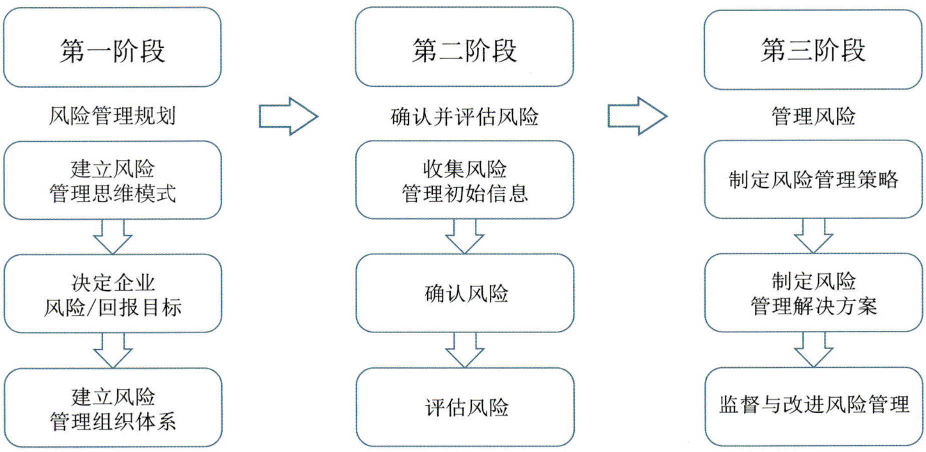

数据来源：德勤研究。

（六）忽视税务规划及优化的重要性

高科技公司的创始人及管理团队，对技术把握和市场把握都胸有成竹，但是却常常忽视企业财务管理的重要性。如何进行有效的税务管理及规划，是一个专业的课题，管理人员需要集体补课。特别是随着全球化趋势的不断加快以及日趋多变的经济环境，企业在发展过程中会面临高度复杂的交易结构，有些甚至涉及多国的跨境交易。成长型企业只有未雨绸缪，主动应对税务挑战，才有可能将挑战化为机遇，在竞争中抢占先机。

图 8 理想的税务管理体系

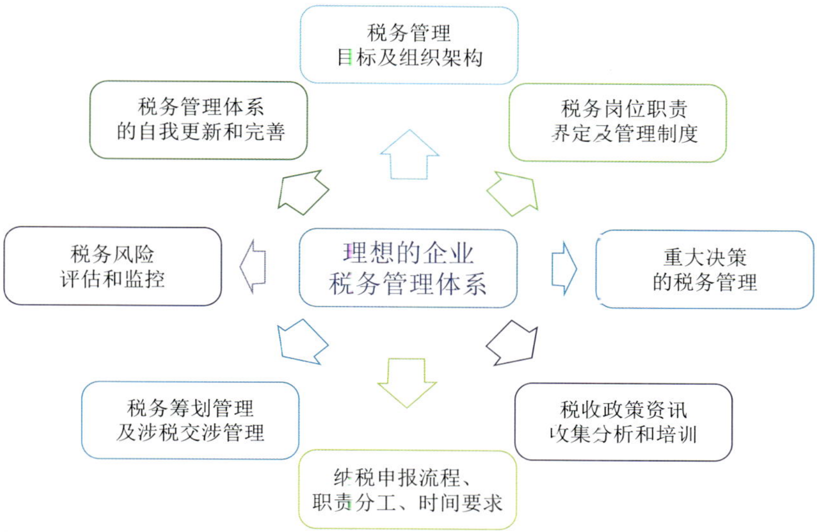

数据来源：德勤研究。

德勤对成长型企业的发展可能涉及的税收优惠政策进行了简单总结（见表 1）。

表 1　税收优惠政策

分类	税收优惠政策
资质类	小型微利企业所得税减免
	高新技术企业所得税减免
	新办软件企业所得税减免
	重点软件企业所得税减免
交易类	技术转让企业所得税减免
	软件销售增值税即征即退
	资源综合利用、环境保护项目所得税、流转税减免
	营改增跨境应税服务的免税及零税率待遇
其他类	研发费用加计扣除
	固定资产加速折旧
	节能环保设备投资抵扣应纳税额
区域类	中关村、张江、东湖及合芜蚌自主创新特殊区域股权激励个人所得税优惠
	广东前海、横琴地区性税收和财政优惠政策
	上海自由贸易试验区新政

三、对中国高科技行业发展的建议

展望未来，在德勤对高成长企业首席执行官的访谈中，绝大多数受访者对自身所在的细分领域以及国家未来经济发展保持乐观的态度，并对一些如节能环保、清洁能源等行业的逆势增长充满信心。

从战略层面上来看，大多数首席执行官仍将坚持在其细分领域深耕，做专做精，不会轻易涉入自身不熟悉的领域。此外，大多数企业将不断提升核心研发能力，并适度扩展海外市场，以稳健的态度保持企业的高速成长。在云计算和互联网快速发展的背景下，许多企业也在思考如何借此改造和升级公司业务形态，开发新的业务增长点。

在创新方面，大多数企业将创新部门与研发部门视为核心的战略之一，深入研究行业动态，洞悉竞争对手，并且孵化未来可能引领市场的产品，保持在行业内的竞争优势与壁垒，占领先机。而创新又分为重大创新与微创新，由于微创新拥有更新周期快以及落地快的特点，因此大多数深圳高成长型企业做得更多的是微创新。为了保持创新，这些企业有各种不同的激励机制引导员工创新，让创新能够更快传达与落实。

在运营的层面上，大多数企业将更加重视流程优化，降低运营成本，最大限度释放企业的生产力和创造力。同时，技术起家型企业普遍表示将创新营销渠道，提高市场调研的科学化水平，确保企业对市场作出灵敏、快速、准确的反应。

从人才的角度来看，尽管人力成本飙高，高端人才难寻，但是这些企业均拥有各自吸引人才的特点，无论是激励机制、股权机制、企业文化、行业前景、领导魅力，还是核心人员流动率低，都说明了这些高成长型企业独特的人才吸磁效应，使企业保持源源不绝的竞争能力。

在资金层面上，虽然面临外部融资环境的挑战，但由于这些企业拥有较好的现金流，足以支撑公司的运营。然而，近六成公司还是制定了融资计划，谋求研发提升和企业扩张。德勤通过访谈也了解到，许多企业都在计划或已经启动上市流程，或将登陆新三板，预计未来这些企业将迎来一波上市潮。

从市场角度来看，线上与线下形成整体封闭循环将是未来营销的主流，目前大多数企业已经逐步加大在线市场营销的投入，并且利用精准量化的数据手段来分析营销效果与转化率。此外，在未来更多企业将会利用在线的平台来扩展其海外市场。

在风险管理方面，尽管大多数企业都建立了一定的风险管理流程，但总体而言，风险管理的体系化程度不高，量化分析手段的运用还不够充分，而这些首席执行官也意识到了这一问题，因此在未来将会进一步加强风险管理体系的建设与实施。

要在竞争激烈的环境中保持持续的高增长，企业要基于对自身资源实力的了解，因地制宜地提出战略发展目标和路线图。结合本次对高科技高成长企业的调研，德勤提出以下建议。

（一）化大数据、云计算、互联网等新兴技术挑战为机遇

互联网业态和云计算的快速发展深刻地改变了许多行业的格局，并往往扮演着颠覆者的角色。本次上榜的 50 强企业中，有的来自信息与通信领域，本身即是大数据和云计算的推动者，也是这些领域发展的直接受益者。但更多的企业仍来自生物医药、清洁能源、设备制造等非互联网行业。然而，伴随着大数据和云计算，以及互联网理念的广泛蔓延，越是非互联网的行业，就越有可能迎来最具革命性的变革。

德勤在调研中发现，已经有高成长企业在追踪工业 4.0 的最新进展。工业 4.0 将实现人类社会、计算机和物理世界的三元融合，通过对大数据的实时收集，实现对真实世界的极限刻画，将产品的设计、采购、制造、营销决策的精准性，以及服务的及时性和全面性提高到前所未有的高度。德勤认为，高科技高成长企业由于自身管理效率较高，组织灵活性较好，既有条件也更应当关注大数据、云计算以及互联网对行业前景的影响，及时把握机遇，在新业态不断涌现的大潮中抢占制高点。

（二）建立多层次创新机制

企业重视创新，并把创新能力定位为企业的核心竞争力。企业创新包含了诸多层面，除了产品与技术方面的创新，还包括运营创新、市场创新、融资创新、管理

创新、机制创新等方面。由于创新具有连动的属性，德勤认为深圳高成长企业应该拓宽视野，关注不同层面的创新，并依照创新“三部曲”来走。①创新过程中需有明确的方向性与重点，勾勒出创新蓝图；②建立完整的创新机制并提供必要的资源支持；③搭配管理与持之以恒的执行力，在企业上下建立更广、全方位、深入的创新机制，把创新理念融入企业文化中，让每位员工都感受到企业对创新能力的重视，并实践于企业经营中。在持续创新的基础上，依据企业自身发展的现状对资源进行合理规划与投入，抢占市场先机，领先竞争对手，以获得最大限度的回报。

（三）优化成本与精益生产体制

随着企业规模的不断扩大和市场的逐渐扩充，企业将要面对更复杂的产品生产，更多样化的客户需求，以及更激烈的市场竞争。然而，快速发展导致企业各部门间缺乏有效的沟通机制，导致了企业生产周期长，资金周转慢等管理难点，最终使得企业投资未能取得合理的回报。因此，企业在成本和运营方面的挑战也将越来越大。德勤建议企业可以通过制定完善的成本计划，将成本结构分析、成本预测、目标规划、成本管理、绩效考核等内容纳入其中，从而建立成本优势，扩大利润空间。此外，建立精益生产的管理体制，提高管理效率、缩短生产周期、降低人工成本、提高产品品质，无疑是企业缓解成本压力、快速发展的最佳途径之一。

（四）注重人才成长，不断提升员工价值和员工体验

创新驱动的本质是人才驱动，核心人才是企业长期成长的重要战略资产。由于缺乏知名的品牌优势，吸引和留住人才始终是高成长企业发展的瓶颈。德勤建议，高成长企业最重要的优势在于其成长性，人力资源管理同样也应坚持“成长”导向，注重核心人才的内生。企业应当以互联、参与、开放的学习型组织建设为主线，打造宽松、信任的组织文化，构建职业发展和人才成长的远景目标，不断提升员工价值和员工体验，完善人才互动渠道，形成吸引和留住人才的强大磁场。

（五）做好融资规划，加强风险管理的制度化、工具化

基于多数高成长企业有融资计划，德勤建议企业在资本运营上应制定完善且多元化的融资组合方案与战略。一方面，企业要关注融资渠道和融资比例；另一方面，应注重对融资时间点与速度的把握，提前做好融资规划。

面对企业经营、扩张和融资中的风险，企业要用制度化、工具化的理念指导风险管理体系建设，以制度化建立各司其职的风险管理组织体系，以工具化提升风险管理的科学性，坚持方法优先，人为判断为辅，确保风险监测结果的稳定性和全面性。

侯　珀｜德勤中国科技、传媒和电信行业领导人　pohou@deloitte.com.cn

周锦昌｜德勤中国 VC/PE 联盟主管合伙人｜德勤中国成长企业市场与服务主管合伙人
教育行业顾问合伙人　wilchou@deloitte.com.cn

李美虹｜科技、传媒和电信行业研究员　irili@deloitte.com.cn

制造业企业不仅需要技术创新，更需要基于新技术的商业模式创新。制造业服务创新和服务化转型不失为一种商业模式创新的可行途径，其探索的是如何让用户满意，并延长产品的价值链。

中国装备制造业服务创新调查

文／董伟龙　屈倩如

提到制造业创新，人们的第一反应往往是机器人、3D打印、纳米材料这些令人目眩神迷的新技术。技术创新无疑是中国制造业升级转型的光明大道，但仅仅增强技术创新能力还远远不够。很多企业失败的原因并不在于技术创新的滞后，而在于突破性技术的商业化和营销停滞不前。我们不仅需要新技术，更需要基于新技术的商业模式创新。

制造业服务创新和服务化转型不失为一种可行途径。“制造业服务创新”是指制造业企业除了提供有形产品，还在服务过程中通过新思想及新技术改善，变革现有服务流程，提高服务质量和服务效率，扩大服务范围，更新服务内容或增加新的服务项目，从而为客户提供更专业化、标准化或个性化的服务，最终为客户创造价值。与制造业技术创新相比，服务创新更贴近用户，探索的是如何让用户满意，并延长产品的价值链。

装备制造业是制造业的核心组成部分，是衡量一个国家工业化程度的标志。我们的调查结果也显示，大部分受访企业认为，中国装备制造业服务创新的开展情况与整体制造业基本一致。装备制造业服务化水平和服务创新能力也是整个制造业服务创新现状的缩影。因此，我们在这里重点分析和探讨中国装备制造业服务创新的成果以及未来的提升空间，以下为我们的主要发现。

主要发现一：装备制造业服务的角色由"质量弥补者"向"差异化竞争者"过渡。

服务在制造业的角色一直在演变，并且大致经历了三个阶段（见图 1）。在初始阶段，服务被视作产品质量不足的弥补者，服务部门是绝对的成本中心。在第二阶段，服务与产品密切融合，成为产品战略的重要组成部分，并且是企业差异化竞争的关键要素。在第三阶段，服务成为独立的业务和品牌，并转变为企业的价值和利润来源，服务甚至成为一些企业的核心，产品则成为附属。在这一系列的演变过程中，企业的服务创新起到决定性的作用。

图 1 制造业服务的角色演变

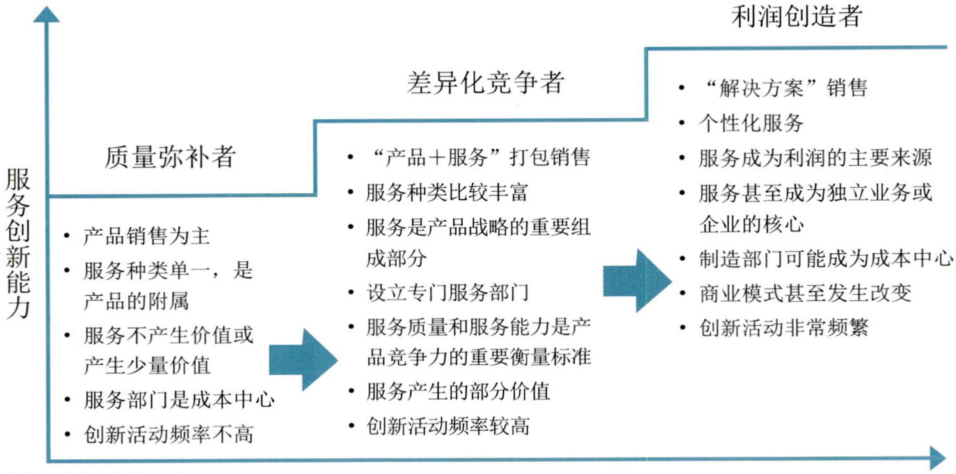

数据来源：德勤研究。

结合本次对装备制造企业的调研结果和产业研究，我们可以发现，大部分中国装备制造企业开展了种类丰富的服务内容（见图 2），并且成立了专门的服务部门（见图 3），比较频繁地进行服务创新活动（见图 4）。

图 2 受访装备制造企业提供的服务种类

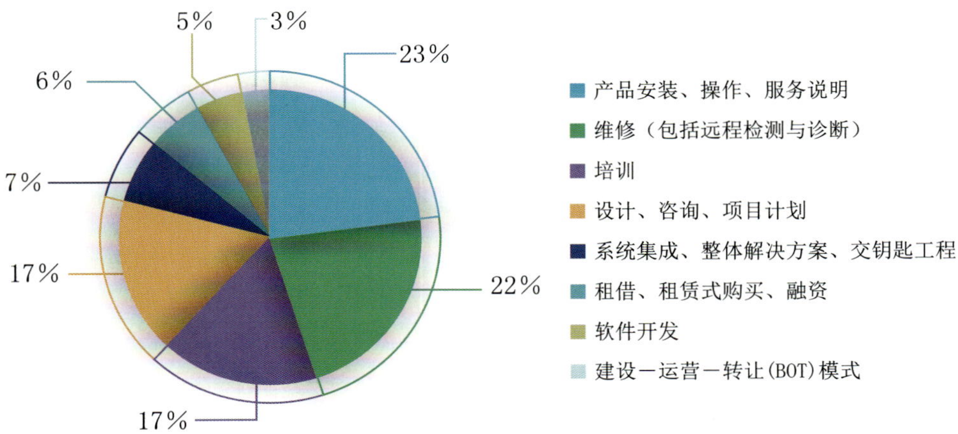

数据来源：中国装备制造业服务创新调查，2014 年 9 月。

图 3 受访装备制造企业是否成立专职部门或有专人管理服务活动

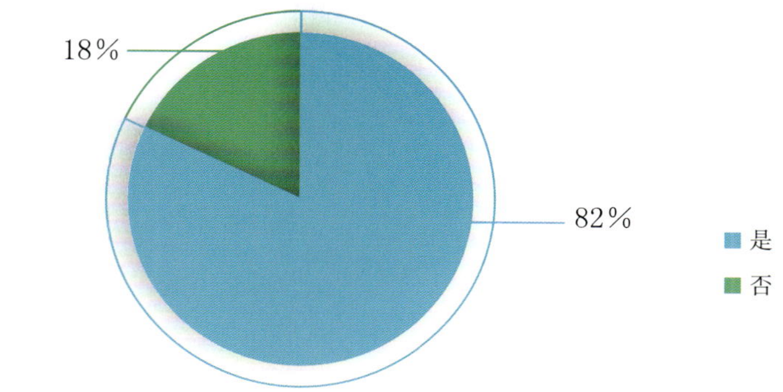

数据来源：中国装备制造业服务创新调查，2014 年 9 月。

图 4 受访装备制造企业开展服务创新活动的频率

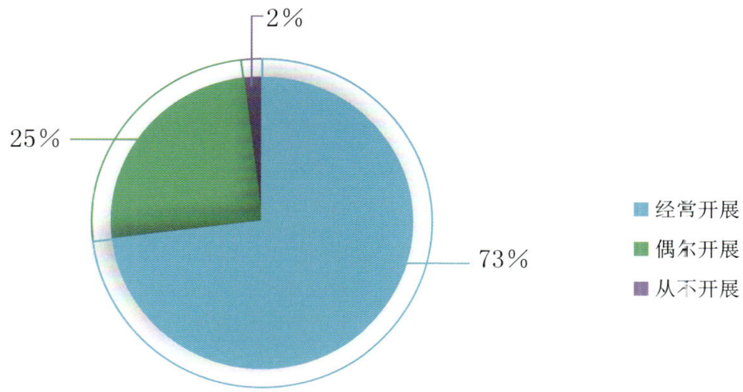

数据来源：中国装备制造业服务创新调查，2014 年 9 月。

同时，国内装备制造企业的服务虽然创造部分价值，但还没有形成利润中心。在参与调查的企业中，78% 的企业服务收入占总营业收入比重不足 10%，只有 6% 的企业服务收入占总营收比超过 20%。就净利润而言，81% 的企业服务净利润贡献率不足 10%，其余企业的服务净利润贡献率基本在 10%~20% 间徘徊（见图 5）。而在全球范围内，制造企业服务收入和利润贡献率远超过中国。德勤曾在《全球服务业和零件管理基准研究》报告中访问了 80 家全球领先制造业公司，调查结果显示它们的服务收入占总销售收入的平均值为 26%，服务净利润贡献率平均值则达到 46%。虽然德勤的全球服务业调查中还包括除装备制造业之外的其他领域制造业公司，如航空和国防、电子信息产业，但排除行业差异因素，中国装备制造企业服务对收入和利润的贡献率偏低仍是不争的事实。

可见，中国装备制造业的服务已基本由“质量弥补者”阶段进化到“差异化竞争者”阶段，但尚未到达“利润创造者”阶段。

图 5 受访装备制造企业服务对收入及利润的贡献率

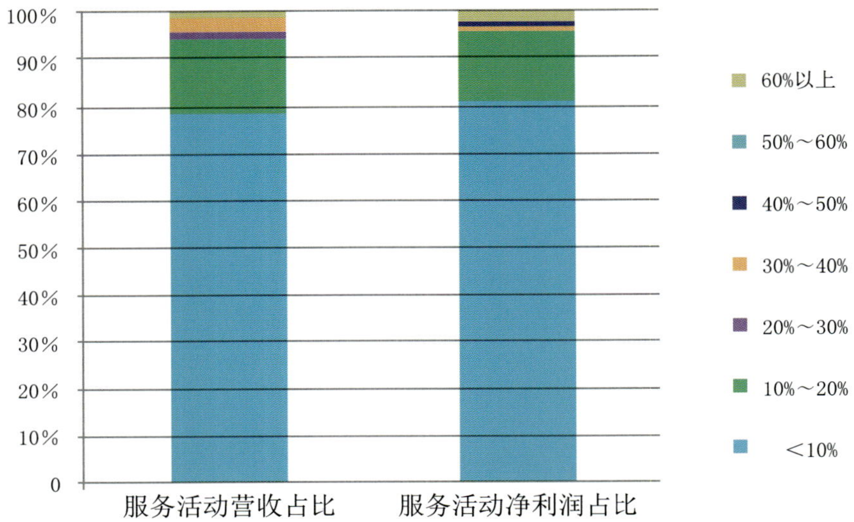

数据来源：中国装备制造业服务创新调查，2014 年 9 月。

主要发现二：装备制造业服务创新的价值定位更多从产品供给端出发而非需求端出发，并且对其他利益相关者重视度不够。

装备制造企业的服务创新主要有两大战略方向（见图 6）：

图 6 装备制造企业服务创新的两大战略方向

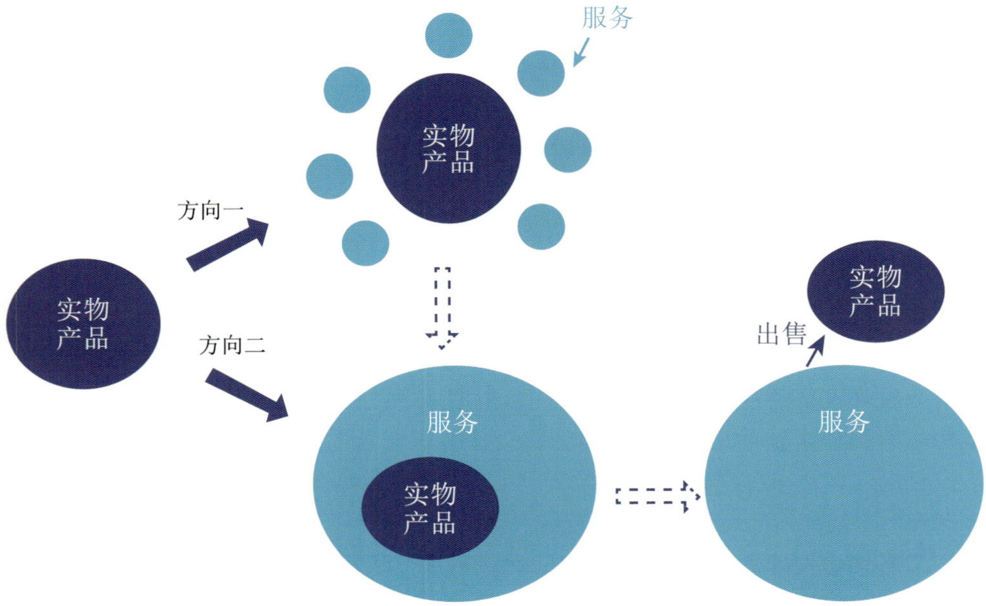

数据来源：德勤研究。

方向一：围绕企业原有实物产品，提升或开发新的服务以支持销售或实现差异化竞争优势，如销售融资、维修、远程诊断等，这一方向的服务创新往往并不改变服务化等级，只是增加提供的服务类型。

方向二：由于单纯的产品技术创新空间狭窄，难以继续扩充利润空间，企业围绕客户潜在需求，以包含产品的服务作为价值创造载体，实物产品是服务的载体而非销售的目标，这一方向的服务创新往往使服务化等级上升。当服务创造的价值远远大于制造所带来的收益时，也会有企业舍弃制造向更专业的服务商转化。如瑞士的苏尔寿公司和德国的博仕格公司，都将制造业务出售只保留服务业务，结果人均创造的利润更高。

目前中国装备制造企业的服务以基于产品的延伸服务为主，基于客户需求提供整体解决方案的比例相对较小，而将优势服务功能独立运作的实践者更少。调查结果显示，以围绕现有产品进行服务为创新主导方向的企业占比为64%，33%的企业以为客户提供整体解决方案为方向，还有3%的企业以发展面向特定关系的服务为主导方向（见图7）。

图7 受访装备制造企业服务创新主导方向

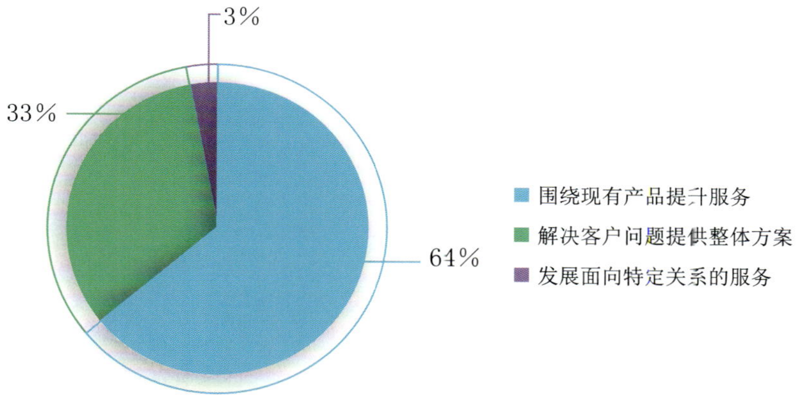

数据来源：中国装备制造业服务创新调查，2014年9月。

这主要是由于长久以来中国制造企业大多把注意力放在产品与生产上，关注供给层面，忽略需求和交易层面。基于产品的延伸服务可以说是制造企业水到渠成的选择，而基于需求提供整体解决方案和服务功能商业化则要求企业具备服务方面的核心竞争能力，并且在组织和管理方面向服务企业靠近。

主要发现三：装备制造企业的服务创新以内源式创新为主，在不同程度上忽视了外部资源的作用。

客户对全面、专业、个性化服务的需求日益增强，企业难以凭自身力量满足客户全部需求。然而，面对市场动荡和复杂的市场环境，相当一部分国内装备制造企业仍然遵循传统的内源式创新管理模式，不同程度上忽视了外部资源对服务创新的作用。整合合作伙伴及上下游企业资源将为制造企业的服务创新提供更广泛的支持。

调查显示，内源式创新占比为74%，与外部机构合作创新比例为24%，收购创新服务企业或部门的占比为2%（见图8）。调查结果同时显示，客户是受访装备制造企业的首要创新伙伴，但也仅有52%的企业将客户引入创新过程，而与其他企业或机构合作创新的占比更小（见图9）。

图 8 受访装备制造企业服务创新的方式

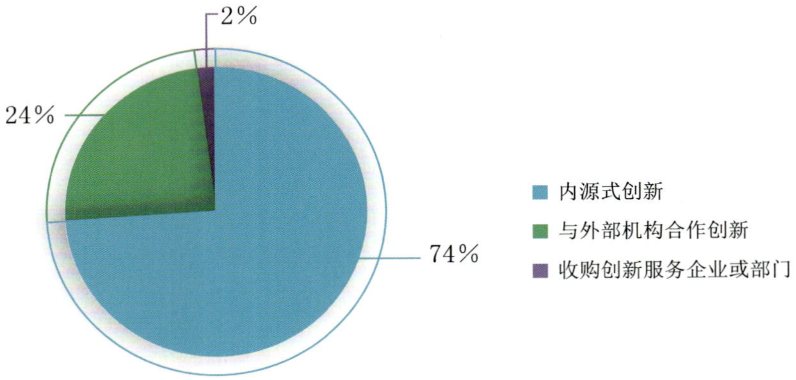

数据来源：中国装备制造业服务创新调查，2014 年 9 月

图 9 受访装备制造企业服务创新的伙伴

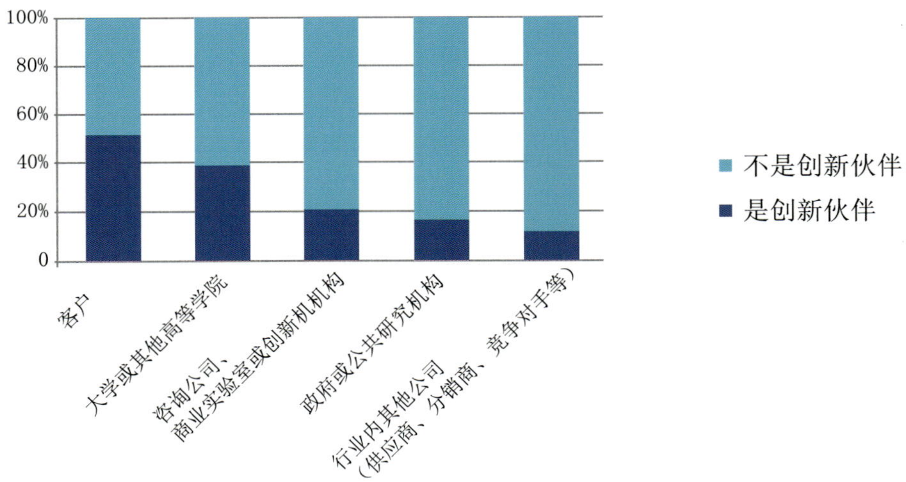

数据来源：中国装备制造业服务创新调查，2014 年 9 月。

人们通常认为，只有制造商本身控制着创新的过程，但实际上，在许多情况下用户或供应商在创新中发挥着重要的作用。美国麻省理工学院的 Eric Von Hippel 以及 Wand Warf 等学者从创新来源的角度将创新分为用户创新、制造商创新和供应商创新，并发现创新往往来源于用户或供应商发现了某种需要并通过研究开发建立了创新原型，由制造商将创新加以完善并推向市场。由此可见，用户、供应商，甚至是服务商、分销商都有可能是制造企业重要的创新源泉和创新伙伴，而国内装备制造企业内源式的创新方式无法有效利用外部资源完善服务创新。

主要发现四：装备制造企业已经建立了基本的服务创新机制，但需要完善财务测算和创新绩效考核体系。

有效的创新机制无疑将在战略和运营层面上提升制造企业服务创新的绩效。创新机制的建立可以定位企业目前的系统创新能力，而且有助于企业识别创新项目潜在的改进点并定义为了达到创新目标需要采取的行动，最终使得企业发展成为创新嵌入所有企业活动的行业领先者。基于德勤全球领先的创新成熟度模型，我们从商业模式与基础设施设置、组织设计和治理、绩效和变革管理、资金与投资管理四个维度对受访装备制造企业的创新机制进行了调查。

- **商业模式与基础设施设置**：主要包括创新战略、创新流程和方法、创新工具和技术。超过 60% 的受访企业认为其具备总体业务战略相一致的定义清晰的创新战略和任务，也有相应的流程和技术支持创新想法的产生和管理。
- **组织设计和治理**：主要包括领导层的支持、明确的创新文化以及跨职能部门的创新团队。近 60% 的受访企业认为它们的机制具备了这些要素。
- **绩效和变革管理**：主要包括创新指标考核、为支持创新而招聘、对创新培训进行投入、定期沟通机制等。受访企业对创新培训这一项都比较积极投入，但对个人层面的创新考核、招聘、沟通机制等方面重视不够。
- **资金与投资管理**：主要包括设立创新专项资金和持续的创新资金支持模式。很显然，大部分受访企业尚未建立持续的创新资金支持模式。

调查结果如图 10 所示，大约 50% 的受访企业都建立了服务创新机制，企业比较关注商业模式与基础设施设置以及组织设计和治理两个维度，而对于创新绩效和变革管理以及资金与投资管理相对缺乏重视。

图 10 受访装备制造企业创新机制现状

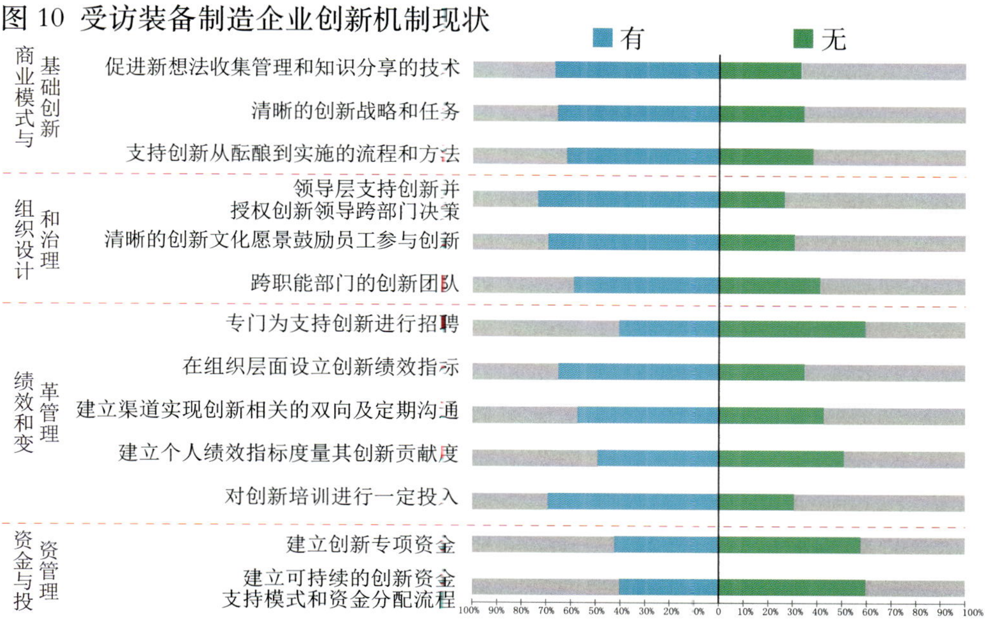

数据来源：中国装备制造业服务创新调查，2014 年 9 月。

主要发现五：装备制造业成功执行服务创新需要四个关键步骤及三项关键能力。

中国装备制造企业的服务创新成效喜忧参半，有的企业通过服务创新使客户关系、企业效益都有所提升，而有的企业的创新过程则暗礁频现。特别因为服务创新的投入、产出和衡量标准与制造业熟悉的产品创新千差万别，制造企业迫切需要一套可行的、系统化的创新方法。

结合国际上关于服务化和服务创新的理论研究、企业案例和德勤的行业服务经验，我们提出制造业服务创新的系统方法，包括四个关键步骤：资源整合、价值定位、财务测算以及关键能力建设（见图 11）。希望对企业的服务创新有所裨益。

图 11 装备制造业服务创新系统方法

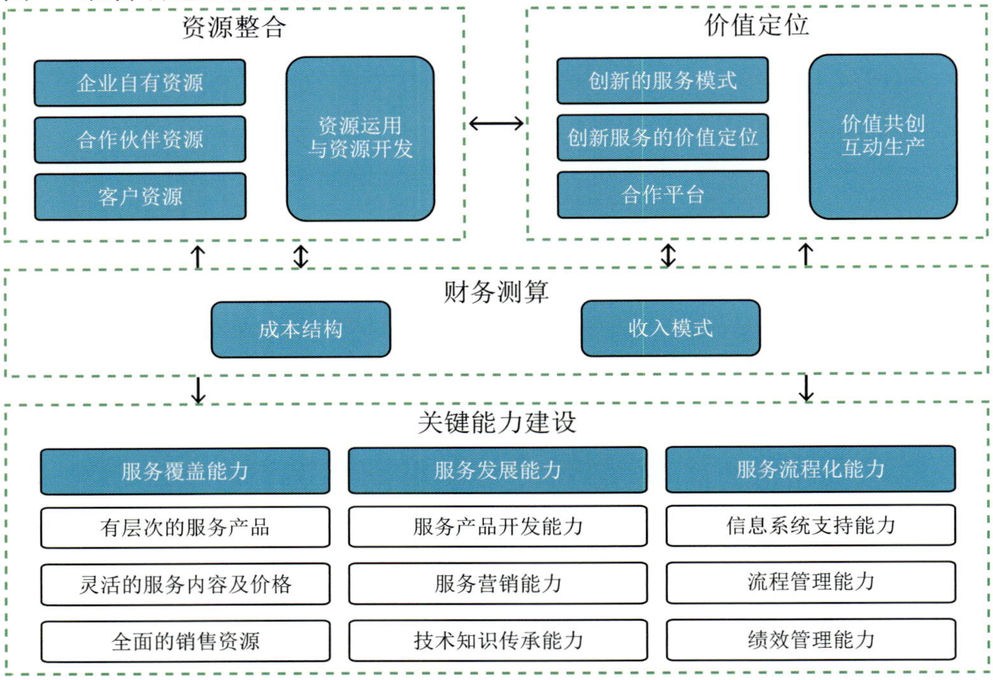

数据来源：德勤研究。

资源整合——寻找内外部可以整合的服务创新资源

客户和合作伙伴是制造企业服务创新重要的创新来源和资源。与制造业的产品创新不同，服务创新以"客户"为中心。服务创新往往是受客户尚未满足的需求驱动，客户的需求信息流动到企业并受到重视，进而引导创新活动。客户资源的整合还可以通过客户体验实现。制造业为客户提供感受产品、反馈意见的平台，提升客户的拥有体验和产品品牌影响力，并且通过分析客户反馈改善企业运营流程、产品和服务质量。

客户对全面、专业、个性化服务的需求日益增强，企业难以凭自身力量满足客户的全部需求。整合合作伙伴和上下游企业的资源可以为制造企业的服务创新提供更广泛的支持。

价值定位——明确服务创新的价值定位以及创新服务模式

整合内外部资源后，企业将利用这些资源进行服务创新。此时企业最关心的问题是：什么样的服务创新是客户需要并能为服务提供者创造利润的？企业需要明确服务创新的价值定位和服务模式来寻找问题的答案。

价值定位要求制造企业把握客户的价值主张，即从客户需求出发，为客户解决问题，而不是从产品延伸角度，将对方看作销售对象。价值定位还要求制造企业把握合作伙伴的价值主张，兼顾合作伙伴的利益，创造共赢局面。这样才能形成合力，持续有效地满足客户需求。

创新服务模式是在明确价值定位的基础上，确定服务的内容、交付方式、收费模式等。是纳入了客户、制造企业与合作伙伴的服务产品。价值共创共赢的核心是服务关系中的利益相关者共同参与价值创造并分享成果。合作平台的引入可以在共同创造价值的过程中，辅助制造企业、客户、合作伙伴之间持续的互动。互动生产是对实际服务过程的描述，让客户参与到产品的生产过程中，也会有机会挖掘，甚至影响客户的价值主张。

财务测算——对创新财务模式进行测算，了解财务影响

企业明确其服务创新的价值定位和服务模式后，需要测算服务创新的成本及收益。

虽然大部分情况下，服务创新的成本低于产品创新的成本，但制造企业从一个原本熟悉的领域跨界进入陌生的服务领域，依然存在巨大的风险。很多企业的服务化转型和服务创新并没有如预期为企业带来收益和品牌的提升，甚至还不如原来只进行产品创新所带来的收益。财务测算可以帮助企业判断服务创新对企业财务状况的影响，平衡服务创新和产品创新，提升企业资金管理和持续获得资金来源的能力。如何在服务化过程中有效地进行财务测算和财务管理也是企业创新成功的关键能力之一。

另外，制造企业正设法增加新的收入来源。企业的收入来源长久以来被绑定在产品生命周期，新技术的发展和运用将改变这种模式。互联网、云计算、大数据使产品互相连接，并赋予产品数据分析、传感、判断、反馈等智能化功能，智能化产品和服务的融合将为企业带来新的市场机会和收入来源。

关键能力建设——明确服务创新所需的能力以及实现途径

关键能力建设是企业成功执行服务创新的基本条件，主要体现在服务覆盖能力、服务发展能力和服务流程化能力的建设。

服务覆盖能力

服务覆盖能力是对现有产品客户的服务渗透，即在客户产品购买行为发生的间隔时间内，依然保持良好的客户关系，并最终促成服务业务。企业的服务覆盖能力可以通过计算购买服务的客户数量占客户总量的比例进行量化。

一项吸引客户的服务通常具有以下特点：

- **服务分不同层次并且为大部分客户所需要：**一些基本的服务，如备件更换或维修显然是客户需要的，也很容易卖给任何客户。由于这类销售相对简单，且注重过程（上门维修的行为）而非结果（服务功能是否实现），企业无需额外增加服务销售队伍或对现有产品销售人员进行服务业务培训。但基本服务并不能满足客户的深层需求，一些企业主动为客户提供更复杂的服务产品，如保障设备的正常运行时间或基于其他性能保障的合约，并投资于建设专业化的服务销售队伍。
- **服务的具体细节和价格可以根据客户需求灵活调整：**一些客户可能愿意为获得及时服务而增加一些费用，而一些客户可能有自己的维修团队或愿意等一段时间以减少开支。企业在基本服务框架之上提供一些个性化的选项，并相应地调整价格，将有助于赢得客户。
- **包含非销售人员的全面销售资源：**通过让所有前线员工参与销售过程，企业有更广的客户接触面，也更容易打造服务关系。为更好地了解把握客户群，很多企业在销售过程中引入技术人员，技术人员与客户接触最频繁，并且通常被客户当作顾问。因此技术人员有机会了解企业对哪些服务感兴趣，并可以很快将信息传达至服务销售人员。

服务发展能力

服务发展能力关注企业捕捉服务市场的机会，可以通过成熟服务收入占总服务收入的比例来衡量。发展能力主要包括服务产品开发、服务市场营销和知识传递三方面，分别关注创新服务的开发、销售和执行环节。

- **服务产品开发：**服务产品的创新想法往往来源于服务业务主管与客户的定期沟通，企业需要结合客户需求和其他渠道获得的创新想法，联合服务主管与技术专家共同开发新的服务产品。领导层的支持往往可以提升服务创新的成功率。
- **服务市场营销：**企业还需聘请或培养具备服务营销专业能力的销售团队，确保他们有意愿、有能力推广新的服务项目或解决方案。销售人员缺乏服务营销技巧，对服务条款不了解，很可能成为创新服务市场推广的瓶颈。
- **知识传递：**知识技术的转移和传承对服务开发能力的影响日渐增强。装备制造业的服务不仅发生在产品交付时，也包括服务合同期内客户产品应用系统的正常运行。这要求技术人员或服务人员接受培训，以便有效执行合同条款；对于合同条款之外的需求，有能力进行识别和判断，协助新服务产品的开发和定价。推动知识由技术部门传递到营销部门也对推动服务市场发展起到不可忽视的作用。

服务流程化能力

服务流程化能力决定制造企业是否能够有效交付服务和是否能持续进行服务创新。服务流程化能力包括信息系统支持、流程管理和绩效评估管理。服务的有效性可以通过服务产品的利润率进行量化。

- 信息系统支持：信息系统的应用可以在扩大服务地理范围的同时提高服务人员调度的效率。另外，由于大数据在整个制造业价值链的应用，配备了传感器和转发器的产品可以不断地将运行数据反馈给制造商，便于企业服务活动的安排和计划。
- 流程管理：仅有系统还不够，服务化转型成功的企业还需要建立一套管理层参与设计、流程驱动的运营方式。流程化的运营方式有利于人力资源利用、减少行政管理负担和专注创新。
- 绩效评估管理：绩效评估管理有助于持续提高服务的品质和服务创新的成果。很多制造企业已经开始追踪服务时间、客户满意度等。除了关注服务交付，制造企业还需要针对服务创新设立绩效考核指标，如创新想法的数量、创新从想法到产品的时间、新服务市场推广的成功率、企业领导人参与创新的最低时间要求等。有了具体量化的衡量指标和激励措施，企业将大大提高服务创新的效率。

制造业服务化转型和服务创新最根本的驱动力是客户需求的变化。制造业与信息技术的融合又为制造业服务创新提供了更坚实的基础和广阔的市场机会。跨国企业已经纷纷开始加快服务创新的步伐，中国企业没有理由不采取行动。

“凡事预则立，不预则废。”要提高制造企业服务创新的绩效和持续创新的能力，企业首先需要打破传统思维，真正以客户需求为出发点，整合内外部资源，测算服务创新的财务影响，培养创新所需要的能力并明确创新的实现路径。

创新一直以来都是推动产业升级和社会进步的最有力因素。创新帮助我们实现以更少资源创造更多价值，扫除或缓解现有障碍，为更多人创造更好的生活。结合信息技术的制造业服务创新有带动下一波制造业创新的潜力，它将把人类思维和机器功能的边界推向更远的边界。

董伟龙 | 德勤中国制造业主管合伙人 rictung@deloitte.com.cn
屈倩如 | 制造业、能源行业研究员 jiqu@deloitte.com.cn

过去一年对电力行业来说非同寻常。行业面临来自监管、战略、财务不同层面的约束，传统经济模式受到挑战。与此同时，技术的应用正改变电力的生产方式和输送方式，或将为未来的解决方案铺平道路。

中国电力行业新兴议题

文 / 阿迪 . 卡立夫　徐 斌　屈倩如

过去一年对电力行业来说是非同寻常的一年。行业面临来自监管、战略、财务不同层面的约束，传统经济模式受到挑战。与此同时，技术的应用正在改变电力的生产方式和输送方式，或将为未来的解决方案铺平道路。

在许多值得关注的趋势中，我们将重点探讨核电的未来、可再生能源的转折点、智慧电力的颠覆、中国电力企业海外并购，以及新挑战下的新风险，因为这些领域或正经历足以改变行业蓝图的重大变化，并与电力企业未来的战略及运营紧密相关。

一、*核电的未来*

（一）保证铀矿资源供应

在全球核电复兴的大潮中，许多国家，包括中国、法国、俄罗斯、韩国、印度等都在积极寻求发展核电，并将核能列入本土的中长期能源政策。在庞大的核电计划之下，获取铀矿资源将成为核电发展国家的重要事项之一。中国的核燃料战略是建立国内生产、海外开发、国际铀贸易三渠道并举的天然铀资源保障体系。目前比较公认的预期是，2020 年中国的天然铀供应的 1/3 将来自国内生产，1/3 来自从国外供应商的直接采购，1/3 来自中国在海外持有的铀矿生产。中国目前持有的海外铀矿资源还远不能满足这个预期，未来中国需要积极布局海外铀矿资源，并且准备迎接日益激烈的资源竞争。

（二）核电输出机遇与挑战并存

核电“走出去”已经上升为国家战略。截至 2014 年 3 月，中国在建核电机组 31 台，装机容量近 3500 万千瓦，在建规模居世界首位，占全球在建规模的 45%。中国核电以资本输出为起点，逐步扩展到技术服务和设备出口的路径逐渐清晰。未来，核电企业可根据不同目标而采取不同模式进行海外拓展，如以追求投资收益为目标，投资海外核电公司；以成为以核电为主的国际能源公司为目标，在海外市场进行实地运营者；或者作为核电站建设及运营经验的输出者，为其他国家的核电市场提供技术、运营、培训、资金等方面的支持。

（三）安全前提下有效控制成本

核电站投资大、建设周期长，其成本费用 70% 以上由设计和建造阶段决定，因此核电企业成本管理的着力点在于建设期投资成本的控制。为了更有效控制成本，核电企业需要建立全面成本管理体系，从设计、建设到运营的各个环节都强化成本管理，使有限的资源发挥最大的效用。

二、可再生能源的转折点

（一）技术进步推动成本下降

能源和非能源领域的技术共同进步，推动可再生能源得以更广泛的应用。美国太阳能电力平均价格已经从2010年的每度电21美分，下降到2013年的11美分，其价格已经低于美国的平均电价——每度电12美分。中国太阳能技术进步之快同样超乎预期，太阳能发电成本在2006年是每度电3~4元，2009年下降到1元左右，并且有望在2015年降至0.8元左右，届时太阳能将有机会与包括环境成本的火力发电竞争。

（二）资金可得性有望提高

资金无疑是所有可再生企业面临的关键问题。未来1~2年，随着可再生能源价格竞争力上升和减排温室气体的需要推高投资者对可再生能源发展和潜在增长方面的关注，预期行业将通过公开市场、并购以及新的融资方式吸引到新的投资。随着中国IPO开闸和新股发行制度改革，可再生能源企业通过国内资本市场融资将更佳顺畅。可再生能源行业并购交易上升，使得行业内资金流动活跃。2013年，中国可再深能源并购交易数量成倍增长，由2012年的48宗上升为97宗，扳露金额总量为12亿美元。从并购交易的行业分布来看，风能与太阳能领域交易最为活跃，主要是由于风能与太阳能产业内的全球产能过剩使价格不断下降，利润空间也受到挤压，从而促进了企业的合并。未来一年内，风能与太阳能供应链内还将有更多合并现象出现，这大部分是由企业期望控制供应链、降低成本或过军新市场驱动。

（三）碳交易体系将提高可再生能源的吸引力

受到严格控排限制的企业在提高能源利用效率的同时也更倾向于使用可再生能源。碳交易机制的建立为作为潜在配额出售方的新能源企业提供了新的收入来源。虽然这部分收入目前占比很小，但随着国内环保合规要求日益提高，其减排量出售收入可能也水涨船高。

三、智慧电力引发的颠覆

（一）电力数据应用潜力巨大

中国2013年能源行业的IT投资规模为404亿元人民币，比2012年增长13%，2014年能源行业的IT投资规模预计将会达到454亿。电力信息化投资规模逐步扩大，意味着电力系统上承载的数据规模将越来越庞大，电力大数据应用市场潜力巨大。以下因素将驱动数据分析在电力行业的发展：

• 电力企业已经投入大量资金安装智能电表，并努力寻求投资回报。

• 数据分析将提高需求侧管理的有效性及用户需求响应。

• 数据分析将提高资产管理的绩效。

• 更精确的数据和分析有助于改善电网运行，包括应对极端天气、减少停电时间、节约成本以及减少用户不满。

• 数据分析将有助于减少异常用电、偷电等非技术损失。
• 数据分析将有助于整合可再生能源和电动车进入电力输配系统。

（二）市场或将出现新的参与者

随着智能电网的建设和售电环节的开放，电力行业可能会迎来前所未有的变革。它不仅会改变电网、电厂的发展，还将改变电力系统未来的运作方式，并吸引新的市场参与者加入其中，并有可能在某一细分市场成为行业领军。传统的电力生态系统相对封闭，电厂和电网企业主导“发—输—配—售—用”的价值分配，电能和信息只是从电力企业到用户单向流动。智能电网的电力生态系统更加复杂和包容，电能和信息由单向流动转变为多向流动，用电、发电和输电的界限越来越模糊，用户也可能是电源，企业或家庭也许不再只向电网买电，设备企业可能变身为能源管理服务提供者，移动互联企业也许将有能力改变消费者的用电模式。

四、海外并购的机遇与风险

近年来，中国电力企业海外并购的规模和数量都呈上升趋势。汤森路透数据显示，2013 年中国电力企业发起 12 宗海外并购，披露金额合计约为 70 亿美元。中国电力企业海外并购目标的地域分布也更加广泛，包括亚洲、大洋洲、美洲和欧洲。

（一）欧美电力企业迫于压力出售股权或资产

因全球需求下降、竞争激烈以及监管和税收压力，欧美大型能源公司的利润均出现下滑。未来几年增长前景堪忧，重重压力之下，很多欧美电力企业不得不出售股权或资产。待售企业或资产类型以传统火电企业和可再生能源电力资产为主，分别占待出售企业总数的 52% 和 42%。中国企业如果有意愿收购海外电力企业股权或资产，必须对目标企业进行详尽的调查，了解其长期存续能力、债务、核心技术等情况，选择符合企业战略发展且企业自身能力能够承受的并购目标。

（二）“连续收购者”的出现

2000 年至今，行业内出现收购一系列海外资产的中国电力企业，我们称这样的企业为“连续收购者”。对“连续收购者”来说，并购并非偶然发生，而是被作为增长战略，长期进行连续收购。世界领先能源企业中不乏通过并购巩固商业帝国并保持增长的案例。全球市值最大的法国电力公司 (EDF) 在近 10 年来，共发起 30 起并购交易，其中海外并购 12 起，尽管不同阶段的并购目标有所不同，但其依靠并购实现增长的战略显而易见。中国更多“连续收购者”的出现将加快电力行业转型并带动技术进步，但并购必须与企业战略保持一致，秉持长期战略、冷静投资，是并购成功的第一要素。而海外并购涉及法律、金融、商业、管理等一系列复杂事项，是风险较高的资本活动，对于近年来才涉足海外并购市场的中国电力企业来说，必须清楚了解海外并购的风险以及自身实力，避免决策错误带来的损失。

五、新挑战下的新风险

中国经济增长进入“换挡期”，电力市场改革渐行渐近，市场竞争日趋激烈；在国家环保压力下，未来火电投资规模预计放缓，而环保改造资金和运营成本高企；货币政策轻微紧缩，企业资金压力加大。面临这一系列来自不同层面又相互关联的新的挑战，电力企业需要比以往任何时候对风险更加警觉。

（一）环保成本陡增

为应对日益严重的大气污染，国家先后颁布了数个大气污染防治规定，而燃煤电厂成为重点监控和改造对象。2015年1月1日开始执行的新《环保法》规定，对污染企业可以按照原处罚金额按日连续处罚，罚款没有上限。环保政策连续出台可能导致企业大量资产提前报废，不得不加大投资以确保企业正常运营。

（二）企业应警惕投资风险

大型发电企业在多年前已开始多元化经营，向产业链上下游延伸，通过产业一体化经营提高企业经济效益和分散经营风险。近年来，大型发电企业不仅进行产业链上的投资，还加快了对新能源在新地区或国家的投资。电力属于资本密集型和技术密集型行业，投资项目金额庞大，而新领域和新地区都给企业投资带来新风险。与发电企业投资相关的风险主要来自投资决策、项目投资和技术风险；如果是在海外进行投资，除了上述风险，还要考虑资金风验和移植等其他风险，其中资金风险主要体现在海外项目投资建设期，而管理移植风险则出现在运营期。

（三）利率市场化增加财务成本不确定性

一般情况下，电站投资中20%为股东资本金，80%为银行贷款，贷款利率的变化将加大电力企业的财务风险。2013年7月20日，中国全面放开金融机构贷款利率管制，利率市场化以后，以浮动利率短期融资可能面临市场利率升高的风险，以固定利率长期融资，可能会面临融资后市场利率降低的风险，这些都会增加融资成本的不确定性。目前国内资金市场处于紧平衡状态，利率市场化进程加快。公司计息债务以人民币债务为主，存量人民币贷款合同的适用利率随人民银行贷款基准利率的调整而定期调整，新签人民币贷款合同的适用利率以人民银行的贷款基准利率为基础进行确定，人民银行贷款基准利率的调整将直接影响公司的债务成本。公司须根据市场变化，合理安排融资，并积极探索新的融资方式，在保证资金需求的前提下，努力控制融资成本。

电力行业转型将带动其商业环境的改变，但对于那些愿意接受挑战并利用破坏性趋势的企业来说，2015年将是新机遇的酝酿期。

阿迪.卡立夫｜德勤中国能源与资源行业主管合伙人｜全球石油和天然气行业主管合伙人
adikarev@deloitte.com.hk
徐　斌｜德勤中国电力和供电行业主管合伙人　kxu@deloitte.com.cn
屈倩如｜制造业、能源行业研究员　jiqu@deloitte.com.cn

德勤2014中国媒体消费者现状调研揭示了：移动数字设备已深入中国消费者日常生活之中，中国消费者更倾向于接受多形式、多元化的广告渠道，并在社交网络上异常活跃。

引爆新媒体时代

文/ 候 珀　钟昀泰

德勤2014年中国媒体消费者现状调研揭示了三大趋势。一是移动数字设备已深入中国消费者日常生活之中，成为不可或缺的标准配备；二是中国消费者更倾向于接受多形式、多元化的广告渠道，并且在信息有价值的前提之下，对在线广告并不抵触，而互动类的视频广告远比静态广告更有效；三是中国媒体消费者在社交网络上异常活跃，更新社交网络档案成为例行公事，他们不仅比其他国家消费者更频繁地查看社交资料，还更偏爱与朋友家人分享链接和对文章跟帖；同时，他们认为在社交媒体上的交流与面对面的交流具有同等价值。

一、数码达人强势崛起

（一）中国数字设备持有率引领全球

在智能移动终端以及互联网高速发展的背景下，数码产品正大举入侵中国的千家万户。德勤调研显示，中国家庭智能手机持有率高达 96%（见表 1），而拥有台式电脑和笔记本电脑的比例则分别为 87% 和 86%；平板电视和平板电脑在中国也同样备受用户青睐，持有率分别为 73% 与 68%。而基于磁盘的设备如 DVR 则受到中国用户的冷落，持有率低于三成。此外，由于中国消费者热衷于网游以及免费 App 游戏，因此游戏机的持有率也相对较低，仅有 32%。

表 1 各国数码娱乐设备持有率对比（%）

	中国	澳大利亚	美国	德国	意大利	日本	挪威	西班牙
智能手机	96	81	65	73	85	56	86	87
台式电脑	87	69	71	66	78	49	54	77
笔记本电脑	86	87	81	81	77	72	94	86
平板电视	73	85	76	87	91	93	93	90
平板电脑	68	63	48	41	58	30	63	57
电视盒子	40	18	17	13	19	3	22	19
游戏机	32	55	58	44	62	46	48	62
数字视频录像机 (DVR)	22	46	49	33	45	34	50	41

与其他国家相比，中国的数字设备持有率居高不下。中国的智能手机、台式电脑、笔记本电脑、平板电脑和电视盒子持有率均高于欧美国家。然而中国的游戏机和DVR持有率却较低，验证了中国与欧美家庭在选择娱乐设备方面的差异性。在中国，媒体消费者主要通过电视盒子、平板电脑和手机进行家庭数字娱乐。而在西方国家的主流家庭中，除了电视机主导家庭娱乐之外，更偏好以游戏机和DVR为其娱乐设备。

从如此高的数字设备持有率可看出，移动数字设备已成为中国消费者的日常必需品。人们的生活已经离不开数字设备，消费者甚至已经沉溺其中。以此类消费者为目标客户的企业应深入思考其整体数字战略布局，从而确保企业能够提供更完整的内容在多设备与多屏幕上展示，并能够同时向各年龄层提供兼容的用户体验，为企业在移动端的品牌建立和推广打下基础。

（二）中国数码达人数量可观

在中国消费者中，有 63% 的人是当之无愧的数码达人（同时拥有智能手机、平板电脑和笔记本电脑三种数码终端）。数码达人比例最高的两个群体是 25 ～ 30 岁和

31～47岁。这很可能是因为他们有较高的可支配收入并且对数码产品有着浓厚的兴趣。25～30岁之间的女性消费者则是所有群体里数码达人比例最高的，达82%。总体而言，数码达人更多地存在于青壮年和女性消费群体中。

中国数码达人的比例在德勤调研中的所有国家里位列第一(63%)，第二、三位则分别为挪威(57%)与澳大利亚(53%)，美国数码达人的比例则仅有37%（见图1）。中国数码达人遥遥领先于西方国家，从中可看出中国消费者对数码产品的喜爱与依赖，显示了中国消费者高度数字化的消费习惯。如何妥善利用这一趋势，开发出针对这三大终端特性的定制化方案，并且创新与优化数码产品在线下应用的商业模式，打造完整循环，使用户能够得到同样的体验，将是形成企业核心竞争力的关键要素。

图1 2014各国数码达人比例对比（%）

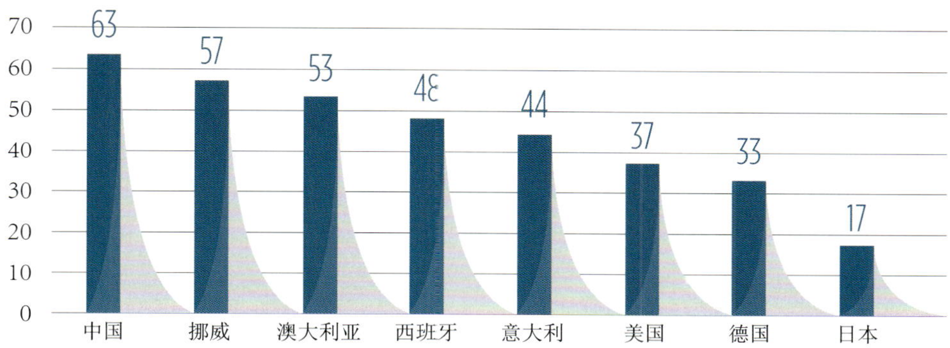

在如此高的数字设备持有率之下，中国消费者是否会在未来对移动数码设备产生“疲劳”是一个值得关注的问题。除了鼓励人们替换、更新既有设备之外，能否研发出吸引消费者的功能让他们买单是厂商必须考虑的事情。在硬件设备日益同质化的今天，或许在硬件上的不断创新（例如眼球追踪、手势识别和可穿戴设备）以及新一代软件的强化（例如基于设备的健康、环境的传感网络应用）将成为厂商竞争的核心。而从媒体与广告商的角度来看，其在智能手机和平板电脑终端上的战略规划，在多种数码设备上利用技术手段制作高质量的内容，以保持良好的消费者体验，将是维持利润最大化的基石之一。

二、精准互动广告为王

（一）新媒体广告引领潮流，传统广告余威犹存

在广告对消费者购买决策的影响因素中，亲戚朋友的推荐影响力最大(94%)（见表2）；其次是经销商/渠道伙伴的网站(88%)和社交媒体圈内的评论和推荐(87%)。尽管电视机开机率在新媒体以及互联网的冲击下已逐年下滑，但电视广告依然拥有很高的影响力，82%的受访者表示电视广告对他们购买决策有着很高或中等程度的影响。此外，虽然社交媒体迅速崛起让整个广告市场格局发生了巨大的变化，越来

越多的广告分配给了在线广告，但是传统广告渠道如报刊和杂志仍然对消费者的购买决策有着很强的影响力（77% 和 70%）。不认识或不关注的人的影响力与品牌在社交网上所发的帖子影响力是最低的，甚至低于短信，这显示了通过不被信赖的来源进行在线社交无法有效吸引潜在用户。

表 2 广告渠道的影响力比较（%）

	中国	澳大利亚	美国	德国	意大利	日本	挪威	西班牙
朋友 / 亲人 / 认识的人的推荐	94	80	86	75	85	76	77	86
经销商或渠道商网站	88	42	57	39	67	56	31	58
社交媒体圈内的网络评价	87	62	68	50	75	40	58	72
电视广告	82	62	71	50	64	65	52	65
制造商或渠道商网站	81	54	54	46	61	51	44	61
电视电影中出现的产品	80	50	55	37	47	57	39	53
杂志广告	77	48	57	41	60	47	46	53
广告牌和海报	75	38	42	33	39	40	40	47
社交媒体广告	73	27	34	25	41	25	27	45
陌生人的网络评价	71	51	60	48	59	63	47	51
报纸广告	70	50	51	43	58	49	49	51
企业或品牌的邮件	69	44	48	32	50	52	38	48
电影院广告（电影前）	66	41	43	33	45	33	29	46
手机应用内的广告	63	22	25	18	32	20	13	36
广播广告	56	40	43	31	47	25	25	47
电子游戏内广告	56	23	30	19	30	20	16	33
短信广告	56	23	25	18	29	23	22	30
不关注的品牌所发帖子	55	20	23	17	34	20	14	35
陌生人的帖子	51	22	24	19	34	20	16	34

和其他国家相比，中国消费者是最易被口碑所影响的群体，因而口耳相传在中国是最有力的营销方式。中国消费者受其他因素的影响程度也领先于其他国家，包括网上评价 / 推荐、经销商 / 渠道商网站、电视、杂志、报纸、广告牌 / 海报等。这说明中国消费者更倾向于接受多种形式、多元化的广告渠道，并且对他们在这些渠道上所花的时间并不敏感。对广告主来说，由于各渠道的影响力皆可观，要想获得更高的投资回报，针对目标客户群体选择特定的投放渠道尤为重要。

值得关注的是，尽管在线广告渠道增势迅猛，但在线广告的效果并不一样。例如在所有广告渠道中，由消费者不关注的企业所发的帖子对购买决策的影响最小。因此，企业如果希望在线广告能够发挥作用，在社交网上的单向宣传方式已经过时，只有可靠的在线信息和精心策划的在线社交营销活动才有可能打动消费者。

（二）中国消费者对广告隐私的敏感度较低

77% 的受访者表示如果能收到有价值的信息，他们非常愿意或比较愿意接触在线广告（见图 2）。另有 70% 的受访者表示如果能够收到更符合兴趣和需求的广告，他们愿意提供更多个人信息。相比其他国家，中国消费者更愿意接触广告，对广告的接受度高居全球首位，且愿意提供个人信息以换取针对性的定向广告。

图 2 消费者接触在线广告的意愿比较（%）

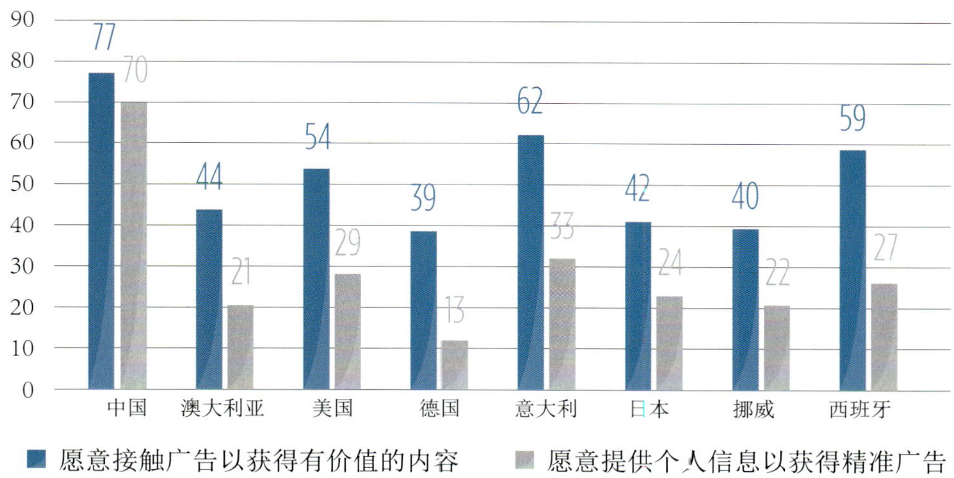

此现象表明，在获得有效广告的前提之下，中国消费者对隐私的敏感度较低。因此可以预期，媒体广告平台和大数据的运用在未来将会变得更加关键，因为这是数据分析和在线精准投放的基础，能将受众人群与展示内容进行精准匹配，提供给消费者更多的精准广告。近年兴起的程序化广告购买根据用户的上网行为，在对数据采集和分析的基础上，计算预测模型，通过数字化平台，实时定位广告主须匹配的受众，将受众人群与展示内容进行精准匹配。程序化购买的优势在于通过精准营销模式，让广告主直接购买受众，简化购买流程，节省广告主的媒介采购成本，并且让广告主精准把握了广告的投放效果，解决媒介购买效率低下的问题。

广告通过各种终端无孔不入地渗透到每一个人的生活中，消费者对无所不在的广告已经习以为常。因此，中国消费者对隐私的低敏感度能够让广告商在创造具有吸引力的广告上有更大的发挥空间，而不需过度担心因涉及隐私而引起强烈的反感。广告商应该把握好中国消费者的特性，制定针对中国特色的广告营销战略，通过各种渠道与终端，确保企业的品牌信息能传递至目标客户，满足消费者对精准与有价值广告的需求。

（三）动态视频有望成为在线广告主流

在所有在线广告类型中，对购买决策影响最大的广告类型是社交媒体广告，紧随其后的分别是视频贴片（前中后）广告与互动型广告。反之，最不具影响力的在线广告则是游戏型广告、弹窗以及竞价搜索广告，对消费者的影响力皆低于两成。结果表明，对在线广告来说，互动类的视频广告远比静态广告更有效，原因可能是视频广告的互动性与趣味性比静态广告更能吸引眼球，消费者在互动的同时也能够获得自身需要的信息，进而获得良好的营销体验。同时，视频平台上的免费用户无法选择跳过广告，接近强制性的观赏方式在带来更高互动性的同时也增加了广告对购买决策的影响力。

在美国、日本和澳大利亚的在线广告市场上，静态的竞价搜索广告和横幅广告最具影响力，尤其在日本有超过六成的影响力。而中国则恰好相反，中国消费者对这些静态广告几乎无动于衷，他们更喜欢视频类、互动类、社交类的广告，而非静态被动型的广告（见表 3）。因此，动态的交互式视频广告在中国有望成为未来的主流广告方式之一。企业在营销上应考虑由单一受众的模式转向双向交互模式，由静态提供用户体验转向动态体验，由企业主导转为受众主导，将广告中的主导控制权更多地交给受众，以满足受众行为心理需求与用户体验。

视频广告的互动性决定了消费者的高参与度，并提高了对购买决策的影响力。中国消费者花费大量时间观看电视节目和用户原创内容，而能够和这些内容无缝连接的互动型视频广告会更加吸引观众，帮助广告商达成其目的。如果企业能够妥善利用视频广告的互动性，并且整合品牌、产品和平台，那么将成为业内营销的佼佼者。

表 3 在线广告影响力对比（%）

	中国	澳大利亚	美国	德国	意大利	日本	挪威	西班牙
社交媒体广告	43	33	33	26	39	22	42	44
视频暂停 / 后置广告	42	29	-	23	36	14	29	31
视频前贴片广告	39	23	23	31	25	14	34	21
互动型广告	33	31	33	37	22	25	26	37
非竞价搜索广告	25	36	32	45	38	49	39	33
横幅广告	25	41	37	37	36	63	45	24
视频嵌入广告	25	13	12	15	18	14	10	17
手机 App 内广告	20	14	14	12	15	8	12	18
竞价搜索结果广告	16	48	47	34	39	65	35	41
弹窗	15	14	10	27	16	16	11	13
在线游戏内广告	12	15	17	12	13	10	14	14

三、活跃的网络社交群体

（一）维护社交档案已成为例行公事

近 60% 的中国媒体消费者每天更新他们的社交网络档案，俨然成为例行公事。就年龄层来看，25 ～ 30 岁人群的更新频率最高 (77%)，其次是 14 ～ 24 岁 (64%)。对于中国年轻人来说，更新自身的网络社交空间的意义在于能够吸引更多的好友关注自己，同时也能时刻关心好友动态，一旦脱离网络，就有可能失去社交生活。因此，年轻人在互联网上建立社交圈，与朋友交流已经成为一种不可或缺的生活方式。

中国人在各种社交网络上是最活跃的群体，在德勤的调查对象中，中国人在社交媒体上热衷于与朋友家人分享链接、对新文章进行评论或跟帖，发表产品评价，更新博客，并且对此直言不讳（见表 4）。这显示了中国人在社交网络上参与度较高，而且更加畅所欲言。所以以这些受众为目标客户的企业需格外注意其在社交网络上的言行，倾听顾客需求，妥善规划社交媒体总体方案。社交媒体上信息传播速度快是一把双刃剑，无论对品牌树立、市场营销，还是客户服务，精准的规划能让企业充分地应对社交媒体所带来的机遇和挑战。

表 4 使用社交网络进行的活动对比（%）

	中国	澳大利亚	美国	德国	意大利	日本	挪威	西班牙
经常和朋友 / 家人分享网上信息	82	56	63	39	68	22	50	50
在网上评论新闻或有趣的故事	81	41	46	29	52	29	28	48
用博客向别人介绍自己及想法	80	27	31	18	41	30	15	35
在评价网站、在线购物网站、博客上写购物心得	79	32	42	25	56	38	17	40
持续关注并评论某个博客	78	34	39	26	44	35	21	40
在图片分享网站上传照片	70	33	41	19	41	19	35	43
在游戏机或电脑游戏社区上传游戏内容	66	23	28	11	31	16	13	27
在视频网站上传原创视频	65	25	32	15	33	19	18	33

（二）消费者偏好利用社交网络关注突发新闻

有54%的受访者表示关注突发新闻是他们使用社交网络的主要原因之一。中国网民在使用社交网络关注突发新闻上领先全球，远高于美国的28%。这显示了中国消费者对社交媒体新闻的实时性更加关注。相比传统的单向传播媒体，社交网络信息具有碎片化、海量化、传播速度快、互动性强、透明度高等特性。双向的社交媒体汇聚了网民的观点与海量信息。网民通过社交网对社会热点问题表达观点，在新闻热点和突发事件中形成舆论压力，对中国社会影响日渐深刻，网民的声音已经成为不容忽视的力量，消费者也因此日趋依赖社交媒体获取信息以及表达诉求。由于社交网络上的传播速度是传统媒体的数倍，使得它成为人们了解突发新闻的最佳渠道。

（三）企业使用社交网络将能与消费者有更好的互动

超过 90% 的中国消费者赞同企业使用社交网站，他们相信可以通过企业官网更好地了解公司品牌，也能更好地表达诉求。如果公司领导者也参与到社交网络中，消费者会对品牌产生更强烈的信任感和归属感。这与其他国家的该数据（一般介于 40% ～ 50% 之间）形成鲜明对比。因此，企业在社交网络上长期保持活跃，并利用社交媒体的互动性吸引顾客极为重要。

社交媒体上每天都会产生大量数据，无论是购买商品还是发表意见都会被追踪。从市场营销的角度来看，社交媒体上的大数据分析技术将给企业提供前所未有的机遇，使其能够更精准地定位消费者，了解他们的行为习惯，从而更好地定位目标客户和服务顾客。展望未来，社交媒体使用者的行为将变得越来越复杂，会对企业提出更高的要求。因此企业需完善其社交平台管理战略，提高技术洞察力，并利用数据评估企业在社交媒体上营销活动的有效性。

侯　珀 | 德勤中国科技、传媒和电信行业领导人　pohou@deloitte.com.cn
钟昀泰 | 科技，传媒和电信行业研究员　rochung@deloitte.com.cn

818

Y世代（出生于1977–1994间）正崛起成为影响汽车行业最主要的消费群体。他们选择交通方式的标准，挑战并改变了汽车生产商产品研发的决策。

变化中的交通模式

文 / Craig A. Giffi, Joe Vitale, Michelle Drew, Bharath Gangula & Steve Schmith

全球有超过20亿的Y世代(出生于1977-1994年间)代表了婴儿潮以来最大且最有影响力的消费群体[1]。在出行方式的选择上，他们需要方便地与外界保持联系，同时根据整体成本和消费者体验的质量来选择交通方式。此外，在Y世代消费者选择交通方式的标准，以及塑造汽车行业未来的一些大趋势的共同影响下，形成了极为复杂的市场局面，深刻地挑战着并改变了汽车生产商产品研发的决策，以及他们与Y世代消费者的互动方式——除了拥有汽车以外，这群消费者还有越发多样的选择，以满足他们的交通需求。

为什么是Y世代?

为什么对汽车生产商而言是现在？

在汽车生产商所服务的消费群体中，Y世代正崛起成为影响这个行业最主要的消费群体。这些年轻的消费者是100年以来最有趣也是最复杂的一群人。Y世代被称作“技术一代”，他们成长于一个互相联系的世界，与朋友、家庭、周围世界的互动也因此而改变。电子邮件、短信、视频聊天和其他通信技术使他们可以随时随地与任何人联系，这在一定程度上抵消了因为需要与他人见面而得买车的需求。而且，那些需要机动车方能完成的任务，正在通过其他的交通方式得以实现，这些方式包括合开 / 乘，不断完善的公交系统，以及多样化的通勤方式使得拥有车辆的偏好转换为使用车辆，重新定义了交通。另外，一些明确的大趋势(见表1)不仅正在对拥有汽车或汽车租赁的需求发生影响，也对在全球市场内的汽车本身产生了影响。

这些不断变化的市场因素和新兴交通方式的出现，挑战着必须拥有机动车的传统思维。汽车生产商必须思考，如何与Y世代消费者更好地沟通呢？这些消费者中既包含了那些目前对买车没有兴趣的人，也包含那些准备买车的人。如何在他们中创造一种消费者体验，进而凸显自己的品牌和产品呢？为了应对那些几乎无法控制的市场因素，汽车生产商们是否该考虑新的商业模式呢？最后，由于汽车产业较长的产品开发周期，为满足3～5年后消费者的需求和期望，汽车生产商是否现在就要考虑该去做些什么了？

为了探讨这些问题，德勤对 19 个国家的 23000 名消费者进行了一项调研。《德勤全球汽车消费者研究》包含了 Y 世代消费者、婴儿潮消费者 (1946-1964 年) 以及 X 世代消费者 (1965-1976 年)。

这份调研的初步分析集中在了解何种因素影响了 Y 世代消费者对交通方式的选择：他们是否对拥有机动车感兴趣？为了拥有机动车他们愿意做出什么样的交换？他们对技术的偏好和生活方式的需求如何影响其做出购买或租赁的决定，并且完整的消费者体验是否会影响消费者最终的购买决定？

调研中也对世界各地不同的Y世代消费者是否会被相同的因素影响进行了探讨。以 3 个发达经济体 (美国、德国和日本) 和 3 个新兴经济体 (中国、印度和巴西) 为代表，在 2013 年，这 6 个经济体代表了 63%的全球汽车销售和 58%的全球经济[3]。通过对这些国家的研究，我们能够发现跨越不同的地区、社会和市场的 Y 世代消费者的相似性和不同点。

表 1 影响汽车产业和消费者的大趋势

	超快速城市化	全球化	车联网技术与软件	个体与公共部门的融合	可持续性和环保压力
描述	如今，全球超过半数人口居住在城市中[2]。	需求将从发达经济体向崛起中的新兴经济体转移。	车与车间的通信和车与基础设施间通信的创新，以移动电话、移动应用及智能卡技术都在对汽车行业造成冲击。	政府无法为未来的交通系统建设提供全部资金或承担主要的责任。 能让每个人都受益的交通系统势必极为复杂，因此需要多方参与进行。	对环境可持续性以及提高能源功效的持续关注已导致政府不断提高目标和期望。
影响	面对交通拥堵，高昂的车辆拥有及维护成本，以及新技术带来的各种可能性，将有更具合作力的个人通勤模式出现。 车辆销售将受到影响，特别是在利润率较高的发达经济体内。	这一转移需要汽车制造商大量的投资，在争取新市场的市场份额及创造长期的品牌忠诚度的同时也给他们带来无数的风险和挑战。	在人与机器之间，拥有和不拥有之间，货物和服务之间本来清楚的界限将变得模糊。 迅速演变的数字技术颠覆现有商业模式的风险增大。	为解决公共交通改造、电动汽车和自动/无人驾驶汽车等方面高昂的开发成本和系统运营问题，个体与公共部门将不断加强合作。	通过在发动机/动力总成技术上的创新，以及使用轻质材料，汽车制造商正在为达到新的燃油功效标准进行大量投资。 汽车制造商为交付配有不同动力总成选择和材料要求的产品，会遭遇越来越多来自供应链方面的挑战。

Y 世代消费者：一个高增长的消费者群体

Y 世代消费者会买车吗?

美国的 Y 世代消费者约 8000 万人，超过总人口的四分之一，这一比例在全球各国基本一样[4]。Y 世代消费者在工作人口中的比例和购买力不断上升，将对很多产品产生影响，包括私人车辆。我们的研究显示，在美国，超过 6400 万 Y 世代消费者（占全部 Y 世代消费者的 80%）计划在未来 5 年内买车。令人惊讶的是，在中国和印度，这一比例还要更高，约 90%的 Y 世代消费者希望在今后 5 年内买车。

但是，并非所有国家的Y世代消费者都有如此高的增长潜力。在日本，多重因素的交互影响下，包括人口老化、交通拥堵、基础设施的挑战，以及各种便利的替代交通模式的存在，导致低于50%的Y世代消费者表示有计划在未来5年内买车。

这些区域上的细微差异对致力于开发受多个市场欢迎的“全球汽车”并减少研发生产环节成本和复杂性的汽车生产商来说意味着诸多挑战。

另外，交通方式选择上的变化以及表1中所列的产业大趋势的影响，导致市场环境变得更为复杂。在这一复杂的环境中，为了满足其所在社会与消费者的交通需求，开发新的交通模式，对公营或私立机构而言同等重要。

Y世代消费者会购车，但许多复杂的因素将影响其决定

负担能力、养车成本及公交的便利性

对于一个首先遭受互联网泡沫的打击，紧接着遭受最近历史上最深和最长经济衰退的消费群体[5]，自身负担能力和养车成本毫无疑问是影响其做出购车决定的最大因素。在美国，超过四分之三没有买车或租车的Y世代受访者说他们买不起也养不起车。公共交通的便利性和可以选择步行而不用开车，位列Y世代消费者不买车的主要原因的前三位。实际上，几乎在所有参与这次调研的国家中，负担能力、养车成本以及通过步行或乘坐公共交通就可以满足生活需求，是被Y世代消费者最常表述的不买车的原因（见图1a）。

图1 影响Y世代消费者购车的因素（目前未买车或租车的人）

1a 未买车的主要原因

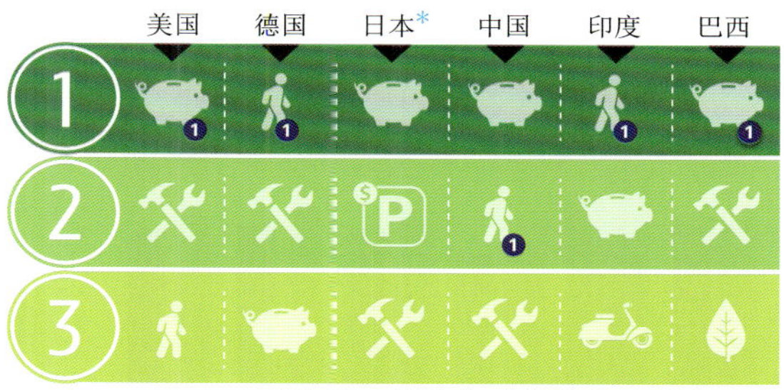

负担能力　　没有停车位或停车费用太贵

养车成本　　步行/公共交通可满足生活需要

关注环境问题　　自行车/两轮车可满足生活需要

❶ 其他世代消费者的最主要原因。

* 其他世代消费者的最主要原因：步行/公共交通可满足生活需要。

资料来源：德勤大学出版社 | DUPress.com。

另外值得注意的一点就是，Y世代消费者与本次调研中的其他消费者在是否购车问题上有相似的优先考虑因素（比如负担能力、养车成本、使用公共交通等）。但是，我们的研究结果显示，相较于X世代和婴儿潮世代消费者，年轻一代的消费者群体与这些因素间的关联更为强烈。

如果汽车生产商们能够在负担能力和养车成本等方面进行改进，Y世代消费者是否就愿意买车呢？答案是——也未必。

1b 什么可以促使Y世代买车？

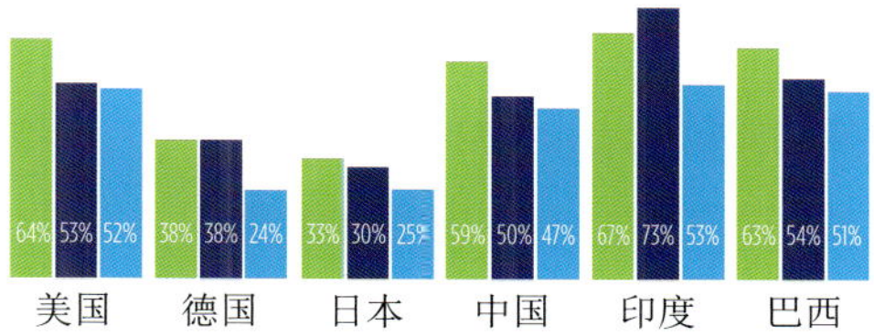

■ 比较便宜的车　■ 燃料效率更高的车

■ 更便宜的付款成本或租赁选择

资料来源：德勤大学出版社 | DUPress.com。

若负担能力提高，参与调研所有国家（美国除外）的Y世代消费者均比其年长的消费群体更愿意买车（见图2a）。但是，在日本，近三分之一的Y世代消费者对目前市场上的任何车型均不感兴趣，而在德国这一比例只有2%。另外，有些影响消费者购车决定的因素并非汽车生产商可以控制。例如，在日本和中国，停车不便和/或高昂的停车费是导致许多Y世代消费者不愿意买车的主要原因。尽管有这些可控范围内和可控范围外的原因，令汽车生产商最感到欣慰的是，在6个主要市场中，有5个市场内多数的Y世代消费者比其他消费者群体更愿意并更有兴趣买车或租车（见图2a）。

钱的价值

我们的调研结果显示，6个主要国家中的Y世代消费者都想要更便宜更省油的车。他们希望花更少的钱在自己的车上，无论是最开始的购车资金，还是以后的维护和养车成本，比如汽油、停车和修理费用。实际上，将近四分之三的印度Y世代消费者将燃油效率列为影响他们购买决定的最重要因素（见图1b）。在美国情况则有所不同，一个更好的付款条件对那里的Y世代消费者做出买车决定更重要。

图2 忠诚度和偏好

2a Y世代消费者真的更愿意买车吗？　　2b 愿意买车，但是……

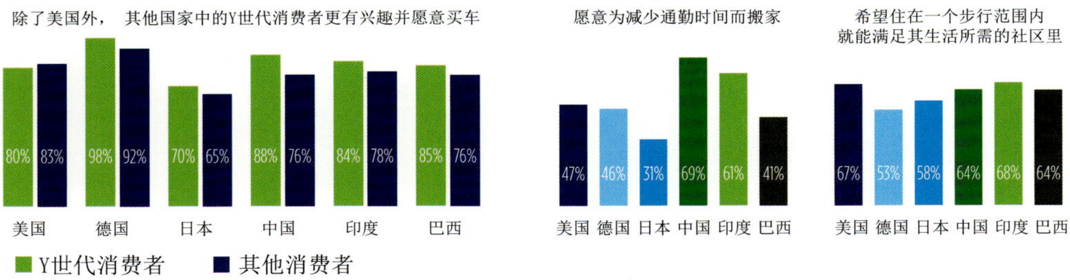

注：数值表示有兴趣并愿意买车的人口百分比。
资料来源：德勤大学出版社 | DUPress.com。

资料来源：德勤大学出版社 | DUPress.com。

正如上面提到的，当我们探讨影响Y世代消费者买车决定的因素时，还应当看到那些汽车生产商无法控制的因素。本调研中的Y世代消费者，特别是那些新兴经济体中的消费者，将完善的基础设施和方便便宜的停车场地作为他们考虑买车的主要原因。另外，在6个主要被调研的国家中，Y世代消费者最看重的是钱的价值（包括燃油效率）。当汽车生产商们在努力提高燃油效率时，政府部门亦通过颁布法规的形式影响着更多节能车型的推出速度，再次凸显了汽车生产商与公营机构密切合作的重要性。

便利性和生活方式影响需求

虽然在美国所有世代的消费者都对成本表示关注，但Y世代消费者比其他消费者群体更在意便利性——特别是当这影响到了这些年轻消费者的生活方式时更是如此。在美国，47%的Y世代消费者愿意为减少通勤时间而搬家，而其他消费者群体中这一比例仅占22%。另外，在所有6个主要国家中，超过一半的Y世代消费者表示他们倾向于住在一个步行范围内就能满足其生活所需的社区里（见图2b）。

对其他交通方式的偏好增大

研究发现，在美国 10 大汽车共享市场中，每增加一辆共用汽车就会导致消费者少购买 32 辆私人汽车。日益流行起来的汽车共用服务也是汽车生产商必须考虑的一个重要因素[6]。在美国，在可行和便利的情况下，42%的 Y 世代消费者 (在其他消费人群中仅占 28%) 愿意使用共用汽车、拼车或类似服务。在中国和印度这种倾向更明显，在我们的调研中横跨所有消费人群，高达五分之三的消费者愿意使用共用汽车、拼车或类似服务。

其他高品质的交通运输系统的出现，以及各种通信技术使 Y 世代消费者能随时随地与外界保持联系而不影响工作的机动性，进一步推动了消费者不再选择购买汽车。

Y 世代消费者有兴趣使用替代性交通方式，特别是那些安全且技术含量高的方式。在美国，40% 的 Y 世代消费者表示，如果租车方便并可异地还车，他们会使用租车服务 (见图 2c)。但是，消费者对安全的顾虑仍然存在。在印度、中国和美国，超过一半的 Y 世代消费者在共用 / 拼车或乘坐公共交通工具时，对安全、安保或私密性表示担忧 (见图 2c)。在 6 个主要国家中，Y 世代消费者比其他消费群体更愿意在智能手机中尝试交通应用——特别是那些被家人和朋友推荐的应用软件。这些应用帮助他们採用其他的交通方式。在印度，绝大多数 (73%) 的 Y 世代消费者喜欢用智能手机应用软件来计划他们的出行方式 (见图 2c)。大约 52% 的中国和印度 Y 世代消费者表示他们愿意尝试由朋友或家人推荐的拼车软件，但在美国和日本，这一比例分别仅占 39% 和 16%(见图 2c)。

2c Y 世代消费者更愿意尝试交通应用软件，并接受同伴的建议

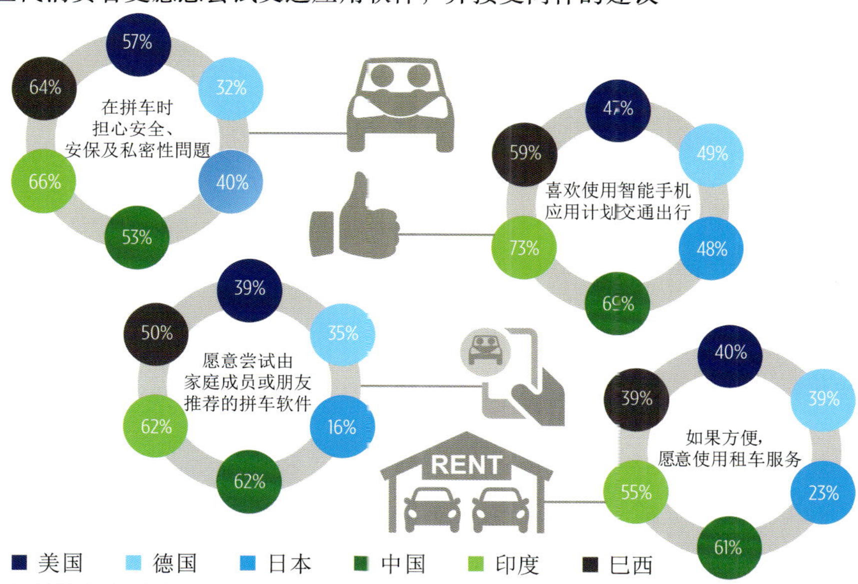

资料来源：德勤大学出版社 | DUPress.com。

随着消费者对便利性和价值的更高追求，传统的汽车所有模式正日益受到新的交通方式的挑战，这些挑战也推动了交通的演变。对汽车主产商来说，共用汽车模式以及更加便利的公共交通系统是一个必须克服的严峻挑战，同时，也催生了新的

业务模式。宝马的 DriveNow 和戴姆勒的 Car2Go 汽车共用服务就是汽车生产商对新型业务模式进行试验的两个案例[7]。

远离私有汽车

即便汽车生产商解决了 Y 世代消费者们该买车还是租车的疑虑，在很多市场中，这些年轻的消费者比其年长的一辈更倾向于放弃拥有汽车。这一倾向在印度尤为明显，在那里，42%的 Y 世代消费者愿意放弃拥有汽车，即便这意味着他们可能需要花费更多在交通上。只有在中国和日本情况明显不同，在这两个国家里，其他世代的人更愿意放弃私人汽车（在中国，17%的 Y 世代消费者和 19%的其他消费者，在日本，16%的 Y 世代消费者和 20%的其他消费者）。

美国人对驾驶的热爱可能也在减退。我们的调研显示，消费者对其私人汽车的忠诚度明显降低。相比于十年前，美国人平均的驾驶里程减少了 7.6%[8]。

我们的调研显示，只有 64%的美国 Y 世代消费者表示他们偏好的交通方式是驾驶自己的汽车，而其他消费者群体中这一比例达到 81%。与印度、德国和巴西的 Y 世代消费者一样，美国的 Y 世代消费者比其他消费者更愿意放弃自己的私人汽车，比例上高于其他消费者三倍。

接近三分之一的 Y 世代消费者表示他们愿意放弃开车，即便这意味着他们交通支出的增加。因此，虽然他们的成本意识和最开始时想要拥有汽车的愿望很强烈，Y 世代消费者的想法却更变化无常——很多人愿意为了其他更便利的交通方式而完全放弃拥有自己的汽车，即便这意味着更高的成本。这一便利性因素也正在演变成为对新的生活方式的选择。

例如，对搬到距离工作更近的地方居住，并且对在步行范围内即能满足生活所需的社区有强烈的愿望。这在一定程度上是由于总体经济状况以及新的不断改进的多种其他交通方式的出现。

总结

Y 世代消费者想买什么样的车？

我们的调研显示，在 6 个国家中，Y 世代消费者考虑几个主要因素——不仅关乎他们买或不买车，也关乎他们最终会选择什么品牌。这些因素包括技术（安全、自动化和通信）、多种动力总成选择、方便、消费者体验和成本。

Y 世代消费者渴求技术

Y 世代消费者渴求技术。他们对汽车的需求也一样。在 6 个主要国家中，Y 世代的消费者都表示先进的汽车技术是他们选择私人汽车时的一个重要因素。饶有兴趣的是，对于一个时时通过私人移动和数字技术与外界保持联系的消费群体，当他们被要求回答最期望看到的先进汽车技术是什么时，所有国家的 Y 世代及其他消费者选择了安全性技术，而不是驾驶方面的技术（见图 3a）。他们最想要的就是具有防撞功能的汽车。

图 3 技术和自动化（全部消费者）

3a 偏好安全还是驾驶技术 *

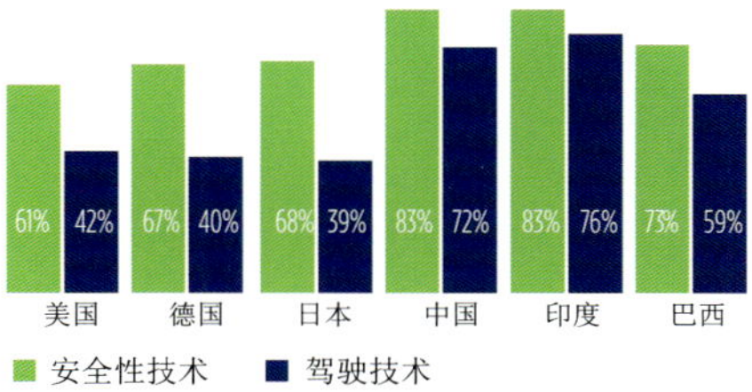

*表示期望拥有这些自动化技术的受访者比例。

资料来源：德勤大学出版社 | DUPress.com。

3b 对自动化汽车有兴趣

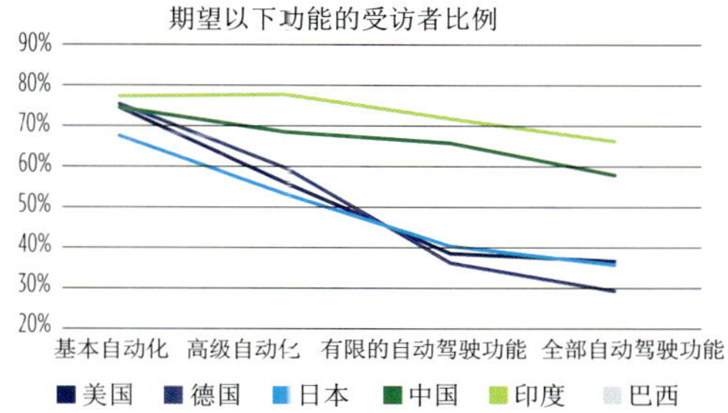

注：自动化程度的定义来自于美国交通部国家高速公路交通安全管理局 (NHTSA)，预知更多详情，请见文后尾注 8 。

资料来源：德勤大学出版社 | DUPress.com。

3c 最大的技术功能 *

* 最高比例的受访者表明他们希望这些自动化技术能带来益处。

资料来源：德勤大学出版社 | DUPress.com。

他们需要能识别路上其他车辆的技术，使他们自动免于危险驾驶的技术（见图 3d)。鉴于新兴市场国家高发的单车事故死亡率[9]，这些国家的消费者对防碰撞技术的兴趣更高。但是发达国家和新兴市场国家间的差异并不大。84％的印度 Y 世代消费者和 83％的中国 Y 世代消费者认为他们可以从这些技术中获益，而在美国，75％的消费者认为防撞技术对他们很有用（见图 3d)。

3d 安全技术

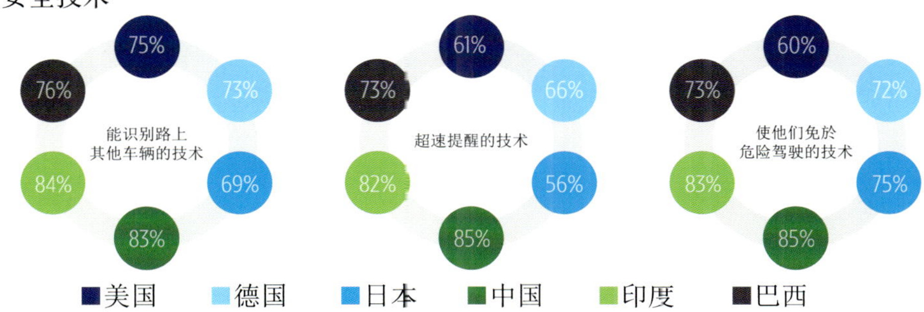

资料来源：德勤大学出版社 | DUPress.com。

3e 驾驶技术

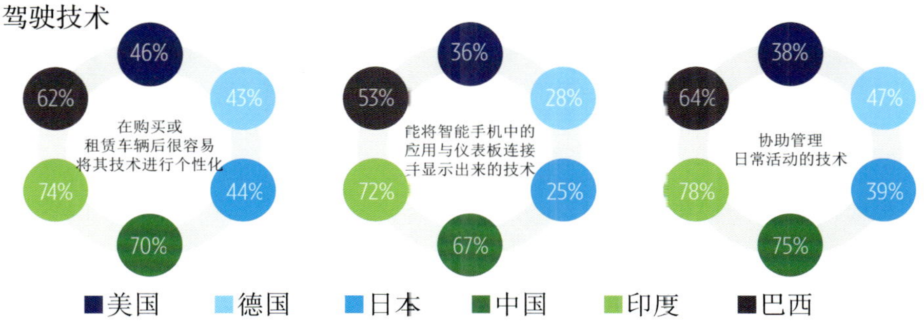

资料来源：德勤大学出版社 | DUPress.com。

虽然全球范围内的Y世代消费者对高端的安全和防撞技术拥有同样的需求，但他们对驾驶技术的看法却不尽相同。发达国家的Y世代消费者比巴西、印度和中国的Y世代消费者对通信和驾驶技术表现出较低的兴趣(见图3a和3e)。我们对此的推测为，这些发达国家的消费者更习惯于他们无处不在，并在任何时候处于待机状态的手机，这已超过了汽车生产商能够提供给他们的便利了。但不管什么原因，这都给全球汽车生产商试图满足Y世代消费者的努力带来一些麻烦。

这些结论强化了汽车生产商所面临的与驾驶和通信技术相关的挑战之一，即与技术公司同时推出新的通信技术的能力。另外，当新发明出现时，Y世代消费者迅速而轻易地抛弃了过时的智能手机和平板技术。这些期望被转移到他们的汽车体验中，并对需要以低成本且迅速提供这些个性化的驾驶技术的汽车生产商们提出了挑战。由于技术公司开发新的和不断升级产品的速度太快，汽车生产商和他们的供应商几乎不可能跟上其脚步。因此，为满足消费者的需求，汽车生产商应当考虑新的业务模式和新的合作伙伴，尤其在开发这些新技术上更应如此，因为传统汽车价值链未来被颠覆的可能性似乎很高。

那么，自动驾驶的车辆会如何呢？大多数消费者，包括Y世代消费者，目前均对基本的自动化程度感到满意(例如，防止车辆侧滑或失控的技术)。随着汽车自动化水准的提高，我们看到6个国家的消费者期望拥有该技术的愿望反而降低了(除了提高安全性的技术[10])。实际上，所有受调研国家的消费者对全自动驾驶均不太感兴趣。

如前所述，发达国家和新兴经济体的消费者对此有着显著的不同，巴西、印度和中国的消费者对全自动驾驶更感兴趣(几乎翻倍)(见图3b)。虽然6个国家的消费者都希望有基本的自动化功能，但发达国家与新兴国家的不同再次给全球汽车生产商提出挑战。鉴于对这些技术的兴趣不高，IHS汽车咨询公司预计，截至2035年，全球仅能销售11.8万辆自动驾驶汽车(远低于10%的全球市场份额[11])。

虽然Y世代消费者表示他们对某些汽车技术感兴趣，但我们的调研显示，消费者并不愿意为获得这些技术功能而支出过多。四分之三的美国消费者表示他们愿意为此等技术支出更多，但仅有25%愿意多付出2500美元或更多。在日本，仅有9%的消费者愿意多付2500美元或更多，这一比例在德国为33%，在中国为26%，在印度为39%，在巴西则为41%。

图4 多种动力总成选择的崛起

4a Y世代消费者对未来5年其驾驶汽车的动力总成的期望

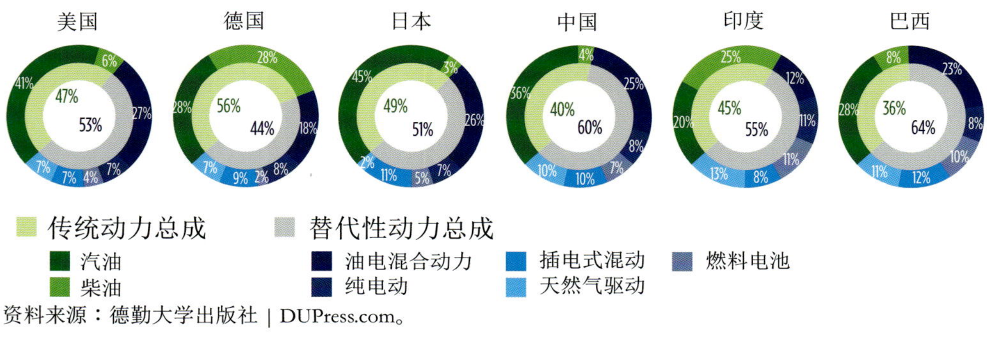

资料来源：德勤大学出版社 | DUPress.com。

4b 生产商在他们真正想开的车上并未提供足够的替代燃油发动机的选择（所有消费者）

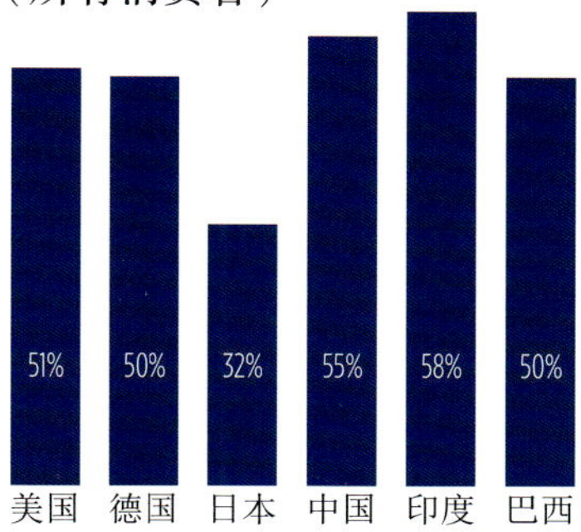

注：回答“非常同意”和“同意”的受访者比例。
资料来源：德勤大学出版社 | DUPress.com。

4c Y世代消费者为替代性动力总成买单的意愿

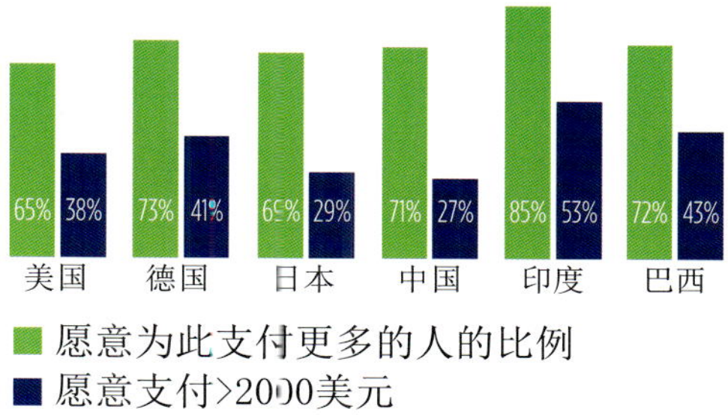

资料来源：德勤大学出版社 | DUPress.com。

Y世代消费者需要可替代动力总成（以及燃油效率）

与技术紧密关联的是可替代动力总成的不断进步。在6个主要国家的Y世代消费者将使用替代性燃料（而非矿物燃料）作为第二个汽车技术带来的好处——仅次于防撞（见图3c）。这样的结果并不令人惊讶，因为6个国家中多数的Y世代消费者期望在未来5年内驾驶使用替代动力总成的汽车（见图4a）。同时，很清楚，消费者对替代性动力总成的需求并未得到满足。超过半数的美国、德国、印度、中国和巴西的消费者同意这样的说法：“生产商在他们真正想开的车上并未提供足够的替代燃油发动机的选择（见图4b）。”

另外，发达国家中大多数消费者期望，使用替代性动力总成的汽车在价格上与使用传统汽油内燃机的汽车相差不多。仅有38%的美国Y世代消费者（美国其他世代的消费者比例更低，仅占27%）表示他们愿意为替代性动力总成额外支付至少2000美元（见图4c）。比较而言，在诸如印度这样的国家里，所有的消费者都愿意为替代性动力总成多支出。

有意思的是，成本（而不是环境）再次成为消费者对替代性动力总成发生兴趣的驱动因素。超过一半的美国Y世代消费者承认，他们是被购买装有替代性动力总成的汽车可节省燃料成本这个原因打动的，而不是为了保护环境。事实上，几乎同样比例的消费者表示，如果传统动力汽车能提供同样的燃油效率，他们会选择购买传统动力车。

随着消费者对替代性动力总成及其引起的问题和带来益处的了解越来越多，并且传统动力车燃油效率持续提高，使得比传统动力车价格高出很多的可替代动力总成的车将很难销售，特别是在仅有三分之一的消费者愿意为可替代发动机额外多支付2000美元的情况下更是如此。

由于未来对燃油效率的需求这一点已经很清楚了，许多汽车生产商正在为哪种可替代动力总成会赢得市场而下赌注。在大多数市场里，Y世代消费者倾向于选择混合电动车（而非插电式）。这种偏好大部分是因为它比插电式车更便利。我们的调研显示，成本和便利是全球消费者在作出与汽车有关的决定时最重要的两个考虑因素。

4d Y世代消费者对政府为可替代动力总成提供支持的态度

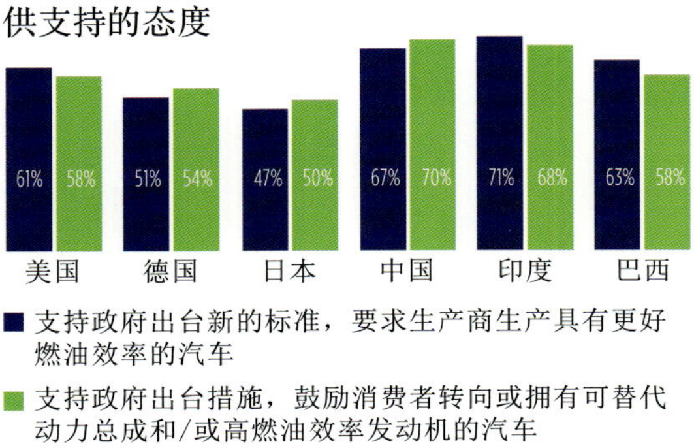

注：回答“非常同意”和“同意”的受访者比例。
资料来源：德勤大学出版社 | DUPress.com。

但是，尽管如此，大多数国家的消费者期望汽车生产商能在其所有推出的车型上均提供可替代性动力总成的选择。这并不仅仅是Y世代消费者的偏好，而是所有消费者的共同愿望。消费者们表示，相比一条单独的只装有替代性动力总成并且价格昂贵的产品线而言，他们更希望在各个产品线均有可替代动力总成的选择。

消费者对政府为此提供的鼓励政策也表示支持。我们的研究发现，被调研的6个国家的大多数Y世代消费者对政府为增加燃油效率而出台的激励措施及新标准都愿意接受(见图4d)。

但是，消费者们是否了解各种替代性动力总成间的差异和它们带来的好处呢？消费者的了解程度也会对不同种类的替代性动力总成的购买意愿产生影响。在6个主要国家中，消费者的相关知识均非常有限。低于三分之一的受访者表示他们对替代性动力总成非常了解。这些发现意味着消费者们还没有确定他们想要购买什么样的替代性动力总成，因此也就为汽车生产商提供了机会，给消费者普及不同替代性动力总成的优缺点。

总体来讲，消费者们均表示他们需要汽车生产商为他们提供替代性的动力总成及其他选择，以提高燃油效率并降低用车成本。同时，消费者们也对政府鼓励消费者使用和要求汽车生产商生产更高燃油效率的汽车的各种措施表示欢迎。为了满足消费者今后对替代性动力总成的需求，汽车生产商采取了不同的方式，不仅提供不同替代性动力总成，也提供不同车型与动力总成的组合。有些生产商为替代性动力总成专门制作了铭牌，另外一些则在某些型号上提供替代性动力总成供消费者选择，就像选择其他功能一样(颜色、内饰材料、音响系统等)。不过，拥有选择的权力是所有消费者共同的需求。

Y世代消费者需要便利性(和更好的客户服务)

以整个消费者体验为中心的便利性(包含购买过程、售后服务和维护)已经成为影响Y世代消费者做出购车，以及更重要的品牌选择的主要因素。在本次调研的所有消费者中，四分之三的受访者表示服务成本和品质会影响他们的最终购买决定。消费者还希望从经销商那里获得更多的消费体验，特别是在新兴经济体中。当被问到免费定期维护的重要性，包括经销商对车进行修理，开走需要修理的车或送来备用车的能力时，新兴经济体的消费者均表现出比发达国家消费者更浓厚的兴趣。

对汽车生产商来说，这些发现都表明，完整的客户体验和随时随地提供优质服务的便利性，对消费者来说尤其重要。

在经销商那里的时间也是一个重要的消费者体验。在所有重点关注的国家中，大部分受访消费者表示，他们用于研究购买车辆的时间超过了10小时，在这一点上Y世代消费者与其他消费者没有太大区别。中国消费者花费的时间最长，75%的消费者花费了超过10小时的时间，而在日本，这一比例只有41%(见图5a)。

图5 便利性和客户体验

5a 花在调研有可能购买的汽车上的时间(全部消费者)

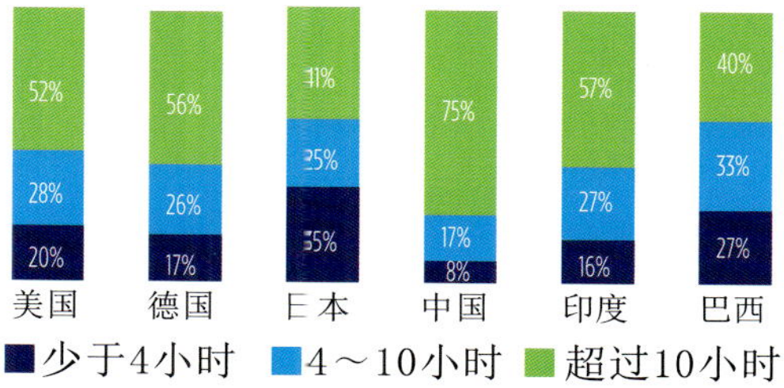

资料来源：德勤大学出版社 | DUPress.com。

作为汽车资讯的来源，经销商面临着不被信任的尴尬，这点稍显遗憾。因为消费者花在经销商那里的时间很长，并且在6个国家中，大部分消费者表示经销商的销售人员对他们公平和尊重地对待，而且他们对经销商的印象也不错(见图5c和5d)。就可靠的资讯来源来讲，Y世代消费者一直将访问经销商排在很后面的位置。在美国的Y世代消费者表示，独立网站上的评论是最值得信赖的，而在其他国家中，Y世代消费者认为家庭成员和朋友是最值得信赖的。只有日本是个例外，在这里，访问经销商是三个最被信赖的资讯来源之一(见图5b)。

Y世代消费者希望降低成本

最后，正如前面所述，与车有关的成本也许是影响Y世代消费者是否买车的最大因素。当然汽车本身的价格也是一个重要的因素，但是Y世代消费者不断表现出他们更关注长期的用车成本，以及他们支付这些成本的能力。由于这些原因，年轻消费者正转向其他的交通模式，这些模式既能提供便利的交通，又不用付出因买车而带来长期的成本支出。

5b 购买/租赁决策的资讯来源(所有消费者)

资料来源：德勤大学出版社 | DUPress.com。

Y世代消费者对成本的顾虑正好为汽车生产商提供了一个难得的机会，可以提供更有创意和灵活的融资选择来促进销售。事实上，现在许多产品已经开始着手解决Y世代消费者关于用车成本的顾虑。在全球，汽车已经能够走得更远，时间更长，消耗更少的燃料，并需要更少的保养。同时，汽车生产商在租赁方式和融资选择方面也变得更具创意。但是，目前在消除消费者的成本顾虑方面与让其更乐意做出购买决定上还有很大的差距。另外，新的业务模式也减少了人们买车的必要性。汽车生产商必须超越单纯关注产品这一阶段，转向重视消费者体验和开发新的业务模式，以满足现在和未来的 Y 世代消费者的需求。

5c “汽车销售人员公平和尊重地对待我”

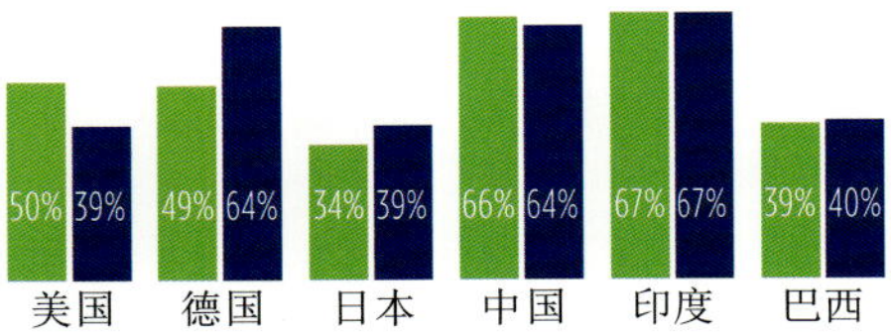

■ Y世代 ■其他世代

注：回答“非常同意”和“同意”的受访者比例。

资料来源：德勤大学出版社 | DUPress.com。

5d “我对汽车经销商有好的印象”

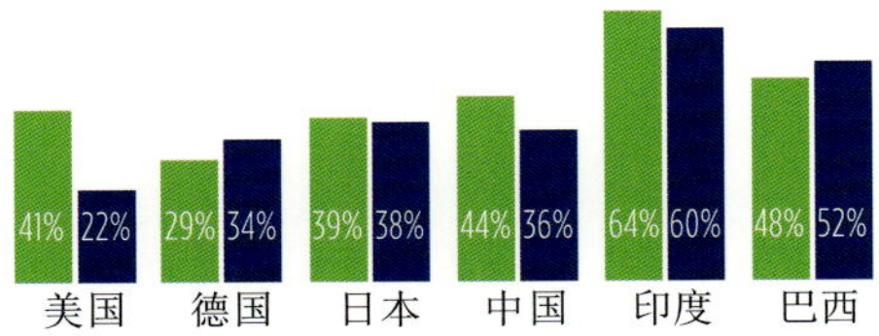

■ Y世代 ■其他世代

注：回答“非常同意”和“同意”的受访者比例。

资料来源：德勤大学出版社 | DUPress.com。

明确的偏好

我们的调研结果为汽车生产商绘制了一幅复杂的机会与挑战并存的图画。许多问题都必须严肃对待，特别是像 Y 世代这样人口众多且购买力强大的消者群体，比以前任何一个群体都愿意完全放弃拥有自己的汽车。

幸运的是，这一年轻的世代具有非常明确的偏好。在众多因素中，“成本”和“便利”是决定性的因素，汽车生产商必须在设计产品时将其考虑在内，这样才可以赢得这些消费者。这意味着汽车生产商必须使用有创意和包含了所有成本的办法，从而减少总成本，并使未来的维护成本变得更加明确。另外，他们还必须提供能为 Y 世代消费者带来更方便且更有创意的服务。这两个因素很明显成了影响 Y 世代消费者买车决策的“关键因素”——他们会不会买？从哪里买？但同样的因素却对正在努力满足 Y 世代消费者的期望并同时维持合理利润的生产商、供应商和经销商们提出了很大的挑战。

除了成本和便利性以外，对于有兴趣买车的 Y 世代消费者来说，能够使品牌脱颖而出的功能包括车辆技术（车内和车外）、替代性动力总成，甚至消费者体验，这些将最终影响消费者的决策过程和购买决定。

在 Y 世代消费者中兴起的汽车共用和类似的模式，以及不断完善的公共交通系统也对汽车生产商提出了挑战并带来机会。

汽车生产商不仅相互竞争，他们还要与其他因素进行抗争，这些因素可影响消费者做出买车或是租车的决定。那些可以超越传统业务模式和销售过程看到希望的汽车生产商将会有机会赢得终身的客户，特别是年轻的 Y 世代消费者。

特此对下列人员表示感谢：德勤印度支持中心的 Srinivasa Reddy Tummalapalli，Sandeepan Mondal 和 Pandarinath Illinda 以及德勤咨询公司的 Matt Josephson 和 Kaitlyn Peale。

Craig A. Giffi | 德勤美国副主席，汽车和工业产品行业领导人
Joe Vitale | 德勤美国合伙人，全球汽车行业领导人
Michelle Drew | 德勤美国高级经理，汽车服务组行业专家
Bharath Gangula | 德勤美国经理，制造业竞争力项目研究专家
Steve Schmith | 德勤美国高级经理，汽车服务组营销总监

尾注

1. 经济学人智库，2014 年 3 月 11 日读取。
2. 联合国经济和社会事务部，“人口分化：世界城市化的未来”，2011 修订版。
3. 按市场 / 国家划分的全球轻型车销售量，IHS; 名义国内生产总值 (以购买力平价计算，美元)，经济学人智库。
4. 美国人口统计局，“2010 年人口统计简述 :2010 年的人口和性别构成，”2011 年 5 月，<http://www.census. gov/prod/cen2010/briefs/c2010br-03.pdf>，2014 年 3 月 10 日读取。
5. DavidWessel，“‘大萧条’名副其实吗 ?，”华尔街日报，2010 年 4 月 8 日，<http://online. wsj.com/news/articles/SB10001424052702303591204575169693166352882>。
6. 10 个市场是德克萨斯的奥斯丁、波士顿、芝加哥、迈阿密、纽约、俄勒冈的波特兰、圣达戈、圣弗兰西斯科 - 奥克兰、西雅图和华盛顿特区。请参见“AlixPartners 的调研显示汽车共用对购买汽车越来越大的负面影响，”AlixPartners，2014 年 2 月 5 日。
7. 了解宝马公司的 DriveNow 汽车共用服务，请参见 <https://us.drive-now.com/>，2014 年 3 月 28 日读取；了解戴姆勒的 Car2go 服务，请参见 <https://www.car2go.com/en/austin/>，2014 年 3 月 28 日读取。
8. BenjaminDavis 和 PhineasBaxandall 撰写，“过渡期的交通：正在改变的美国最大城市的交通模式一览”，美国 PIRG 教育基金，先锋集团，2013 年 12 月。
9. 全球道路安全现状报告，世界卫生组织，2013 年。
10. 根据美国交通部的全国高速公路交通安全管理局 (NHTSA) 的报告，美国联邦政府对自动 (无人驾驶) 车辆的定义是：基本型——使汽车可以协助驾驶者进行具体操作比如防抱死制动 (防止侧滑) 和 / 或牵引力控制 (防止车辆失控)；高级型——包含至少两种功能组合，如自我调整巡航控制和保持在车道中间技术，以将驾驶者从操作这些功能中解放出来；有限型——使汽车在某种交通和环境条件下取代所有的驾驶功能。如果条件改变，车辆会自动识别，同时驾驶者需要重新恢復对车辆的控制；全能型——使汽车在整个行驶过程中取代所有驾驶功能。驾驶者只需提供一个地址，车辆就会自动运行而无需驾驶员介入。
11. “2035 年自动驾驶汽车将占全球汽车销量的 9%，”路透社，2014 年 1 月 1 日，<http://in.reuters.com/article/2013/12/31/autos-selfdriving-cars-idINDEE9BU0BF20131231>，2014 年 4 月 24 日。

5248 2518 6324 7411
5248 2518 6324 7411

“质量重于价格”和“增收重于降本”这两条法则有助于零售龙头企业深入思考全渠道业务、全球扩张和顾客参与方面的战略。

零售业成功之道

文 / Rodney Sides, Vikram Rao, Tonya Wilborn & Whitney Young

前言

对于零售行业而言，过去十年消费者行为发生了翻天覆地的变化，其颠覆程度甚至超过了20世纪之和。过去25年，零售业从实体店面和商品目录转向全渠道经营，其面貌发生了巨大的变化。在一个受技术创新推动、消费者彼此相连的时代，零售商必须从根本上转变思路，重新思考涉及其运营的方方面面。移动设备为顾客提供了更多便利，他们可以随时随地挑选商品，对比其他商家的价格，并通过社交媒体了解亲友的购买体验。全渠道零售已经到来，零售商该如何响应？

过去25年，零售业从实体店面和商品目录转向全渠道经营，其面貌发生了巨大的变化。

很多零售业高管都在问这样一个问题：“在这样一个快速变化、互联消费者为王的时代，我们该如何竞争？”瞬息万变的市场环境和进入市场的新企业，使得零售商面对大量战略备选方案。要在熙熙攘攘的市场上打造真正独树一帜的定位，可能需要大胆的行动，对质量和成本、位置和便利、服务和价格之间的关系做出艰难权衡。面对大量的选择，管理层如何抉择？领导者怎样才能做出正确决断？制定决策时又该遵循哪些原则？

迈克尔·雷诺（Michael Raynor）与穆塔兹·艾哈迈德（Mumtaz Ahmed）联合编著并已出版的《三大法则：杰出企业的思维之道》一书从广泛的实证研究出发，得出了指导原则，说明企业能够打造独树一帜的差异化并长期保持强劲业绩（如需了解详情，参见侧边栏文字“三大法则介绍”）。为了深入探究这一概念，我们挑选了我们认为当前对于广大零售企业高管最重要的三大趋势，即全渠道经营、全球化和顾客参与，并且探讨了这些法则在各种情况下的应用。我们的目标是创造一个透镜，透过它零售商可以思考与同行相关的选择。接下来我们将探讨当下零售企业如何处理这些趋势，如何适应这三大法则以提升收入、实现杰出绩效。

三大法则介绍

5年多以前，德勤启动了“杰出企业”研究项目，力图探明推动企业业绩长青的深层因素。通过独特严谨的方式，德勤将统计研究和案例研究有机结合在一起。迄今为止，该研究项目已经产出十几份论文报告，广泛发表于各类学术和管理学期刊，包括《战略管理学报》（*Strategic Management Journal*）、《哈佛商业评论》（*Harvard Business Review*）和《德勤评论》（*Deloitte Review*）。《三大法则：杰出企业的思维之道》一书是这项工作迄今为止的集大成之作(www.thethreerules.com)。

该项目的研究对象包括1966-2010年期间所有公开上市的美国本土企业，其中包括25000多家企业和超过300000份 的公司数据。该项目采用资产收益率（ROA）指标来衡量绩效，从而将管理选择的影响分离出来，因为股东回报这类指标往往使公司行为与投资者预期的变化混杂在一起。

通过使用仿真模型，研究者充分考虑到企业所处行业、规模、生命周期以及大量其他特点，估计出各家企业理应实现的良好绩效程度。研究者随后将理论上的绩效与各家企业的实际绩效进行了对比。如果一家企业超出预期绩效的水平超过了总体可变性的预测，即可称为“杰出”企业。

然而杰出企业之间，优秀程度亦有所差别。研究者识别确定出哪些企业属于“奇迹创造者”（或称为“精英中的精英”），哪些企业属于“常青树”，后者指那些表现稍逊但优于任何人预期的企业。在整个数据库中，共有174家“奇迹创造者”和170家“常青树”企业。

为了揭示这些企业在其生命周期中实现杰出绩效的推动因素，研究者将“奇迹创造者”和“常青树”企业的行为进行了互相对比，同时与“普通企业”（即生命周期、绩效水平和绩效波动均处于平均水平的公司）进行对比。

第一，为了解杰出企业绩效优势背后的财务结构，研究者将其损益表与资产负债表进行了分离。这种做法提供了极有价值的线索：“奇迹创造者”有系统地依赖毛利优势，而且往往能够承受成本和资产周转率方面的不利影响。对比之下，“常青树”企业希望借助成本优势，进一步减少对于毛利的依赖。

该书随后对九大行业的“奇迹创造者”、“常青树”和中游企业的案例进行了详细对比，揭示出这些财务数字背后的成因机制。具体而言，杰出绩效的实现，取决于非价格差异和更高的收入，而这往往由更高的价格推动。其系统重要性没有其他因素可以比拟。实际上，为了保持其差异化优势和收入领先地位，杰出企业似乎愿意改变其业务的任何方面，有时甚至是改变其全部业务。

由此得出这三大法则：

（1）优质重于廉价：不要打价格战，而要打价值战。

（2）增收重于降本：不要靠削减成本来推动利润，而应实现更高价格或更高收入。

（3）除前两条外别无其他：倾尽全力确保你遵从前两大法则。

深思熟虑胜过临时决定

尽管这些法则对大多数人而言非常直观，但大部分美国企业，尤其是零售企业，并没有遵循这些法则，因此赢得的回报只处于市场平均水平。如今的零售企业在包括品牌、价格、选址和体验在内的多个维度展开竞争，真金白银地投资这些领域。我们的研究发现，那些绩效长青的企业在确定其竞争基础和制定支撑其目标计划的运营战略时，往往是深思熟虑，有所规划的。这些企业的投资重点突出，有的放矢，而且维护自身特色的信念亦非常坚定。

企业领袖有理由选择向左还是向右。但是为避免模棱两可，他们应当选择符合这些法则的路线。

当存在合理的不同路线或备选路线时，可能存在某些战略机会……企业领导者有理由选择向左还是向右。但是为避免模棱两可，他们应当选择符合这些法则的路线。

全渠道经营和免运费承诺

全渠道零售理念试图为消费者提供跨越所有零售渠道的无缝体验。在其掀起的竞争格局下，零售需要从根本上转变运营模式。市场正在从一个个单独的销售渠道和体验，向一致程度更高的顾客互动迅速进化，而渠道变得微乎之微。购物的体验已经超越了时间和空间的限制，无论何时何地都可以购物。在此环境下，若要有效竞争，可供选择的战术性运营决策似乎无穷无尽。但是由于缺乏评估这些选择的战略性眼光，零售企业制定的战术决策很可能会与其期冀的竞争地位背道而驰。

例如，一个老生常谈的运营问题：对于网上或商店内购买的商品，异地配送是否应该免费？对于大多数零售企业而言，网上或移动购物的运费成本很高，很多企业在收费和免费之间难以取舍。一方面，收取运费可以在供应链内部建立一个小型的利润中心；另一方面，收取运费可能使零售品牌“食言”，违背其对消费者的承诺。考虑到驱动企业竞争地位的具体因素（价格还是服务）以及企业领导者对于三大法则的遵循程度，对于如何处理“免运费”问题，企业高管的选择亦会有所差异。

购物的体验已经超越了时间和空间的限制，无论何时何地都可以购物。

对于打价格战的零售企业，收取运费理所当然。它们提供最低的网上价格并且为消费者提供大量的收货方式及运费价格的选择。但三大法则告诉我们，很少有打价格战的零售企业能够维持较高的盈利能力。

对于比拼服务和体验的零售企业，决策的难度更大。第一条法则“优质重于廉价”该如何运用？“优质”的组成内容是什么？3～5天送货免运费，加急送货收费的做法是否足够？消费者对各种选择会有什么看法？企业能否坚持定价底线，从价格中抽取数额充足的“溢价”来支付增加的运输成本？这些问题需要通过“优质重于廉价”来解答。一个表面看起来非常简单的经济决策，突然间也会变得非常复杂。

但是请回想一下第三条法则“除前两条外别无其他”。遵循“优质重于廉价”和“增收重于降本”的方式多种多样，企业具体的选择将取决于竞争环境、品牌承诺、顾客特点等其他因素。为了解释说明，可以考虑家得宝（Home Depot）和蔻驰（Coach）的情况。这两家拥有服务品牌承诺的“奇迹创造者”对运费成本问题做出了回答。家得宝对于超过45美元的大部分订单提供免费的标准送货到家服务，而蔻驰对于超过150美元的所有美洲大陆订单提供免费的标准送货到家服务。两家公司根据各自的情况做出了不同的回答，而且根据每年的具体时间不同，政策亦可能有所差异，但两家公司均严格遵守了这两条法则。尽管正确答案的得出没有什么秘诀或万无一失的方法，但是三大法则能够保证企业的重心不会偏离正确的路线。

依托独特价值定位，开拓全球市场

到新领域和尚未开发的市场拓展业务具有诱人的发展前景。然而，全球扩张是一项复杂的事业，需要进行详尽规划和大量投资，以制定稳健策略。许多零售商因为没有充分考虑政治、经济、管理，以及客户格局、本地市场业务和管理需求的复杂性而不得不放慢扩张速度。对于许多美国零售商，即使是到加拿大扩张业务这种最明显的选择也并不像预期那样容易。直到最近，加元疲软、成本较高和房地产开发有限，加拿大市场依然难以扩张业务。

这三大法则可以帮助减少隐患。零售商为拓展新市场采用多种战略，包括战略合作、收购和 / 或独资扩张。在制定全球战略之前，零售商应该清楚了解在这些法则层面上自己独特的价值主张。要应对的关键问题是：公司如何在当前的形势中脱颖而出以及应该如何在未来的全球市场中定位公司品牌？

很多零售商认为，无需充分理解自己的竞争地位或当地市场的动态就可将自己的品牌顺利推向国际市场。在墨西哥和巴西这样的新兴市场，成熟的零售商依赖价格竞争。因为商品已经较为廉价，所以低价战略难以提高利润。对于希望进入这些新兴市场的零售商而言，关注“优质重于廉价”和“增收重于降本”就更加重要。基于对三大法则的研究，我们了解到，从长远来看价格竞争很少能创造卓越绩效。零售商在进行全球扩张时可能不得不降低价格来适应当地的市场经济状况，但“优质重于廉价”指导下的独特策略可以创建能够持续吸引和保持客户的品牌。

很多零售商认为，无需充分理解自己的竞争地位或当地市场的动态就可将自己的品牌顺利推向国际市场。

即使在价格敏感的市场，打造非价格差异的途径亦多种多样。例如，巴西最大的电器和家用电子产品零售商 Magazine Luiza 为顾客提供贷款，利用其庞大的客户信贷数据库创建识别高价值客户的忠诚度计划。在一个接近一半人口没有支票账户的国家里，Magazine Luiza 提供各种金融服务，包括个人贷款、保险、分期付款和可负担的贷款。Magazine Luiza 约 80% 的销售是赊销。Magazine Luiza 通过多种方式和可选支付办法，灵活地深入巴西的中低等收入人群，Magazine Luiza 良好的市场定位使其充分受益于巴西最近的消费热潮。Magazine Luiza 的盈利不仅源自价格，还有向顾客提供多少额度的贷款以及贷款利率多少等多种因素，从而在竞争中脱颖而出。

Magazine Luiza 还采用了“增收重于降本”的法则，其中的一大创新战略就是建立虚拟商店，在 Magazine Luiza 350 家门店中有 52 家是虚拟商店。支撑虚拟模式的四大支柱是：没有现场产品、周到的现场服务、强大的技术支持以及与社区整合。实施虚拟商店概念的众多其他公司都以失败告终，原因在于他们为了降低成本而采用自助服务模式。但是，Magazine Luiza 却对顾客服务进行投资，教育和引导顾客，并为顾客提供个性化服务。Magazine Luiza 多次被评为巴西的“最佳工作场所”。此外，该公司的营销策略还包括为虚拟商店购物者提供一小时的免费上网，如果顾客带来一位朋友，则会增加一小时的免费上网。Magazine Luiza 还在虚拟商店里留出空间，

用于顾客教育、当地的慈善合作以及顾客信息交流。简而言之，Magazine Luiza 通过投资多种方式增加收入，而非专注于削减成本。

一旦零售商扫清了选择市场和制定差异化战略的障碍，三大法则将对其市场进入方法产生显著影响。

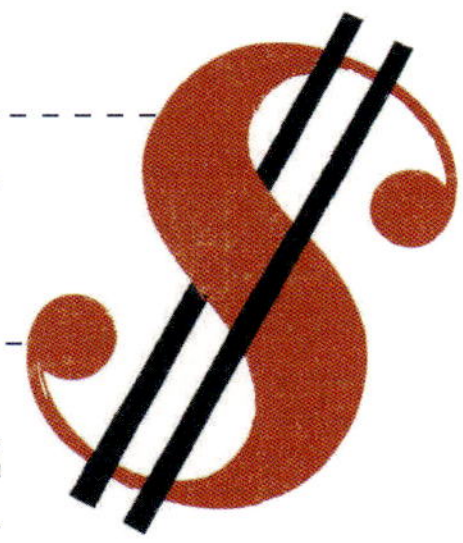

在规划国际扩张时，零售企业可以考虑将发达市场节省的成本进行再投资，转而在新兴市场中寻求增长机会，这是符合三大法则的很好做法。例如，某公司正试图提升欧洲和北美市场的效率，为新兴市场的投资提供资金支持。公司通过提升毛利率，积极管理北美和欧洲的成本，持续专注于提供超出销售成本 4%的总生产力和推动开销节约，用于支付在新兴市场的投资。北美节省的成本大部分来自重塑供应链网络、引进采用先进技术的新生产线以及收回合作生产商处的生产项目。在欧洲，该公司与同行的竞争力相当，公司期望将营业利益率提升 250 个基点。公司拟通过精简供应链以及持续削减开销来实现目标。为了削减开销，公司将中欧国家并入公司统一的类别主导模式以及在低成本的国家开设服务中心。该公司预计这些措施将在未来三年内提升营业利益率，并计划将部分节省成本再投资，为新兴市场的增长和持续重组提供资金支持。

一旦零售商扫清了选择市场和制定差异化战略的障碍，三大法则将对其市场进入方法产生显著影响。例如，如果一个零售商已经确定其竞争优势在于品牌体验和客户服务，那么特许经营模式可能就不是最佳的选择。在特许经营安排中，零售商可能要放弃对商品组合计划和加盟商人员配备水平等经营决策的大部分控制权，对客户体验造成负面影响。 在特定市场采取“直营店”战略，虽然可能导致增长放缓以及更多的初始资本投资，但是可以提供必要的控制，确保全球范围“优质重于廉价”的客户体验。

要重视三大法则在全球扩张进程中的运用，这同样适用于主打低价牌的零售商。好市多（Costco）进军中国台湾就是一则范例。好市多于1997年在台湾开设首家门店，在其初始投资后的5年左右开始盈利，自此保持盈利状态。虽然好市多在中国台湾也像其美国门店一样尽量保证市场最低价格，但是他们同样采用多种技术来运用“优质重于廉价”的法则。具体包括：

· **平衡本土和国外优势**。好市多努力提供“美国体验”，同时培育当地口味，从而使台北店成为该连锁集团第二大最赚钱的门店。

借助美国原产商品。连锁店约40%的商品来自美国，使得门店从本地和外国竞争对手中脱颖而出。台北门店的顶级面包产品百吉饼，使用从纽约进口的面团，每周的销量为54000份。

· **适应当地口味**。例如，好市多的柯克兰品牌牛排，美国商店的产品被切成薄片，以满足当地对火锅涮肉的喜好。鱼是整体而非剔骨销售。而在美食广场，与美国汽水和比萨饼并排销售的是北京烤鸭、比萨等本土化产品。

· **实施领先实务**。好市多已培训当地的供应商使用好市多风格的货盘和叉车来节省劳动力，这是既降低成本又通过增加销量来提升收入的例证。

· **提供完善服务**。好市多在一个鲜有商家提供退货服务的商业文化中大方引入退货政策。举例来说，好市多允许顾客以西瓜不够甜为由退回半个西瓜。公司的退货体验如此愉悦，已成为公司的活广告。

· **没有确定的战略可以保证全球扩张的成功**。但是，寻求进入新市场的零售商将面临众多的决策点，他们将不得不在众多看似同样合理的方案中进行选择。根据我们的研究，最符合三大法则的选择，其成就基业长青的可能性最大。

精益求精，吸引顾客

考虑到当前提升客户忠诚度的渠道多种多样，零售商将不断面临如何更好地吸引顾客的重大挑战。预测顾客需求并为顾客提供优质产品和服务可以获得回头客。然而，确定能够有效契合不断演变的顾客行为的客户投入战略并非易事。如果零售商要遵循三大法则，他们就必须了解如何对自身进行更好的定义。

零售商必须自问：在品牌、体验或与客户相关的因素中哪些不能被牺牲？如果没有特定重点，与客户的联系也将虚有其表，不会产生预期的结果。这可能是应用三大法则最棘手的问题，不作为的成本很高，菲妮斯折扣卖场(Filene's Basement)的案例就说明了这一点。这家后来被Syms Corporation收购的公司，是传说中的“上品折扣”百货公司，以其交易的高档商品而著名。然而，该公司无法在瞬息万变的市场中打造价格以外的差异化经营，于

2011 年申请破产。随着来自百货公司的竞争日趋激烈，过去使其在市场上独树一帜的价格已不再被视为竞争因素。这就使得竞争对手可以在平等的基础进行竞争。菲妮斯公司之所以走向终结，原因就在于其未能定义何为“更佳”，无法挽回顾客的忠诚度。

在制定有效的客户参与策略之前，必须细分客户。目标客户细分的决定有助于选择发展客户关系的方式和领域。举个例子，假如客户参与策略以 Y 世代为目标客户，则企业使这些消费者参与其中的方式需要针对他们的具体特点。我们知道 Y 世代占现有人口的比例超过 20%，他们在成长过程中接触各种科技，也最早体验各种创新。他们习惯于通过各种平台展示自己的生活，而且重视多样化和变化。他们中的许多人希望自己的生活有意义。因此，社区参与和自我表达对他们来说很重要。

鉴于这种背景，对于瞄准这块市场的零售商而言，参与社会公益事业，体现其品牌内涵，同时投入开发能够支持和简化客户参与的工具，就有可能成功。如果 Y 世代消费者认为一个品牌与自己的价值观相关，那么他们可能更乐于买单。时尚鞋类零售商 TOMS 就是一个例子。TOMS 邀请顾客通过购买产品积极参与其组织的慈善事业。借助“一对一”计划，TOMS 承诺通过各种捐赠计划，顾客购买的每一个产品能够帮助一个需要帮助的人士。由此该公司能够有效地结合慈善活动与产品销售。这是一个简单的方法，让 TOMS 把社会公益事业与品牌结合起来，并积极让其客户群参与其中。通过购买产品，顾客实际上是在做一项捐赠，这种力量将累积影响 50 多个国家的孩子。作为许多同等重要的选择之一，TOMS 的参与策略值得零售商们深思。相对于具体选择，选择哪种类型更为重要：要选择“独树一帜，出类拔萃”，而非“价格低廉，舍我其谁”。

在营销投入中运用这三条法则时，品牌建设与社会公益事业可能需要成本，但这部分花费不能节省。如果企业目标是实现持续优异的业绩，那么需要紧密联系顾客以推动营收，这比成本节省策略的价值更大。广告或特价促销等其他营销手段可能随时会改变。谨记：除前两条外别无其他。

行动号召

零售商需要知道，如何长期保持在市场上与众不同的地位。在零售行业，做到差异化尤其困难，因为这一行业很容易被模仿：当竞争对手看到其他企业的成功策略时，将迅速进行复制。坚持方向并坚守这三条法则是有难度的。这需要领导层在短期内做出有利于长期发展的艰难抉择。始终如一地坚守一项长期策略必将带来非同一般的回报。

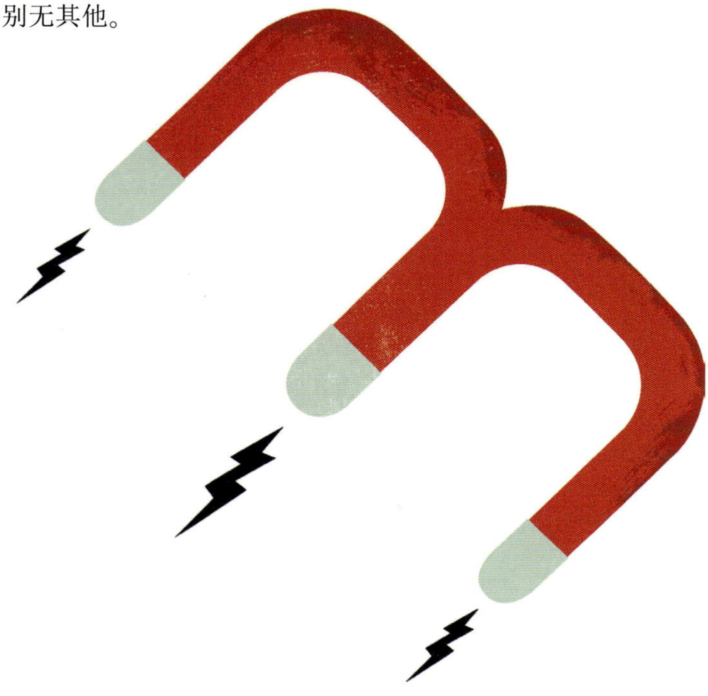

运用这三条法则时，零售商需要遵循几个步骤。

步骤 1：制定清晰的竞争策略

零售商必须真实地评估价值定位，以实现有效利用。考虑附加在产品、服务或选址上的溢价，并确保有相应的战略决策支持。根据这三条法则，差异化和定价权是与整体战略有关的最重要目标。

步骤 2：愿意做出权衡

应重新评估任何可能与基本策略冲突的现有计划或项目。为了适当调整资源，现有项目可能需要放弃。举个例子，如果策略涉及推出一个社交媒体平台，那么现有直邮活动的投入就可能不再有必要。请记住，没有差异的策略不可能带来优异的回报。

步骤 3：让整体组织融入其中

能够利用现有资源，并成功将各方意见统一到一个策略下，有助于推动目标成功。作为一个组织，需要花费时间确定哪些经营方针是不可动摇的，并让所有相关方领会这些方针。成功的零售活动在整个组织层面要保持一致性。不管通过何种渠道还是由谁传达，所传达的讯息必须一致。

步骤 4：不断衡量成功

为了衡量进度，企业必须清楚知道自身的绩效如何。选择合适的指标进行监控是关键的第一步。三大法则的研究使用资产收益率作为衡量相关绩效的指标，优点在于它综合了盈利能力和资产利用率两大指标，另外还有许多其他指标可供使用。坚持衡量指标的一致性可为应对竞争提供一个方向，并有助于确定成功的程度。对零售商而言，评估额外的盈利能力比率，如可比店面销售额、毛利率和营业毛利率同样重要。

尽管公司之间情况各异，但三条法则提供了既有实质意义，又不乏灵活性的指导原则，管理人员可以付诸实施。每家公司都可以制定自己的市场差异化路线，找到实现更好绩效的秘诀。

问题很简单：如何将这三条法则运用到自身战略中并实现独树一帜？如何定义“更好”？如何把重点放在收入，而非成本之上？对零售商而言，预见并满足顾客需求是第一要务。要想扩大成功，甚至创造奇迹，就要寻找机会利用差异化与定价权，同时不能牺牲企业的使命。

原文刊登于 Deloitte University Press 出版刊物，感谢德勤中国翻译组。

行为金融学已明确指出普遍影响到投资决策的认知偏差。同样的，对创新的追求需要对未来的定位，同时会引起不确定性以及长短期利益的矛盾，这些前人所遇到的问题，其共性可为后来者提供经验教训。

避开创新中的行为陷阱

文 / Alexander Börsch & Nicolai Andersen

有两个因素使得有意义的创新投资比其他企业活动更加难以管理。首先，创新充满了不确定性。它关注的是未来，需要对未来的市场需求和趋势、先进技术以及其他一些关键因素做出预测。因此创新项目的结果往往充满不确定性。研究表明40%~90% 的新产品开发项目最终会失败。[1]

其次，在长短期利益之间存在矛盾。创新对于公司的长期发展来说非常重要，但需要大量资金和资源的投入，并且在短期内没有现金流入。这使得企业往往抵制不住“诱惑”，将资金规划给短期效益更好的项目，使得创新项目不幸“流产”。当面临较大的不确定性和切实的短期需求时，多数企业选择放弃成长性投资，转向那些更加保值、实惠、现实的投资。

当然， 投资者面临同样的挑战。投资决策包括决定应该储蓄多少钱、对公司未来现金流以及整个经济走向的预测、在众多资产和证券种类中做出选择。同时，还需要投资者提前明确自己的风险偏好。

根据新古典经济学的理论，这丝毫不用担心。在经济学模型里，个人能够根据无限的市场信息做出完整的理性预期，因此理性的人能够胜任这项任务。但是，一个相对前沿的学术分支发现了很多不合理的因素。经济学和金融学领域的行为学家将经济学理论和心理学结合起来，以解释人们究竟如何做出决策，以及与教科书中描述的理性决策过程有何不同。行为金融学主要研究投资者如何进行决策和处理信息，并阐述了所有阻碍人们做出与资本市场理论一致的最优选择的心理偏差。在实际操作中，这意味着亏损通常是因为人们凭直觉做出决策。

这三个共同点——未来方向、不确定性、长短期利益矛盾——决定了如何促进创新的决策和投资决策有相似的结构，并在相似的环境中发生。因此，行为金融学中定义的投资系统性偏差以及相关解决方法都可以用来帮助创新决策。创新和投资之间的相似性使得行为学观点可以被应用到管理决策中，因此开启了一个新的创新视角，这反过来又给前者带来新的问题和可能的解决方案。

行为金融学研究并记录了多种认知偏差和偏离理性的决策。四种行为陷阱会损害投资决策和创新决策：投资不足、拒绝选择、见木不见林、熟悉偏好。本文将以行为金融学的经验研究为基础，探讨投资陷阱及其心理基础，并给出应用于创新决策和决策过程的行为解决方案。

经验证据往往非常明晰。如美国的退休储蓄数据显示，只有少数雇员 (略高于 1/3) 加入雇主养老金计划。即使加入养老金计划，大多数也只是维持默认的缴费率，而这个比率远远不够维持退休后的舒适生活。

陷阱一

投资不足

为退休做准备的投资者都会面临一个行为学的挑战。他们必须在当下储蓄更多、消费更少，然而收益却要在将来才能得到——舒适的退休生活。这个抉择的困难在于，原则上，为退休储蓄是有意义的，但他们面临着享受当下的巨大诱惑，尽管这种行为可能会带来财务困境。想象一下阳光海岸之旅或者购买新的电子产品，人们怎么处理储蓄和消费之间的矛盾呢？即使意志力很强的人也倾向于享受当下、延迟退休金储蓄。

实验结果也很好地证明了这个结论。美国退休储蓄的数据表明了两件事。第一，只有很少一部分人（略高于 1/3）加入了企业养老金计划，即使加入，也仅仅是因为雇主缴费率低和税收优惠，并没有从财务管理的角度考虑。有些人加入养老金计划是因为雇主缴费率太低，无法保证退休后的舒适生活，[2] 并不是因为他们有足够的理财觉悟。第二，确实有人承认自己的储蓄率过低，但只有一小部分计划提高储蓄率，而在这一小部分人当中，又只有部分会真正采取行动。[3] 简而言之，人们对未来的储蓄过低，即使他们意识到这个问题，情况也不会有所改变。

这种行为背后的强大心理学动机被称作“损失厌恶”。相比收益，人们对于损失更为敏感。即使两者数量相等也不例外。根据相关理论，损失带来的负效应是相同数量的收益带来的正效应的两倍。当前消费的减少被视作一种损失，人们力求避免。损失趋避也会产生惯性，钱包里剩余的钱一般不会被动用，即使这样有悖于个人利益。结果就是所有变革经理都很熟悉的“现状偏差”效应。维持现状比起提出变更的行动方案来说具有内在的优势，是判断发展的参照点。对现状的偏离往往让人感觉到会带来损失，因此维持现状是避免损失的极具诱惑的选择。

行为学解决方案：创建机制帮助个人为未来做规划

低储蓄率的问题可以通过建立不受意识干扰的自动化机制来抵消。例如，一个叫做“为明天储蓄更多”的退休计划，是由行为经济学家理查德·塞勒（Richard Thaler）和施罗莫·伯纳吉（Shlomo Benartzi）共同创建的。[4]雇员提前承诺，当他们涨工资时，就要提高养老金缴费率。这样的话，他们当前可以支配的收入并不会减少，由于缴费率的增长速度低于工资的增长速度，缴费率的提高不会被察觉。这个机制的优势在于，雇员只要做一次决策，而且他们的决策有利于将来的生活而非当下。这个自动调节机制巧妙地利用了人们拖延改变、保持现状的倾向。这个机制没有违背损失趋避，因为它在促使雇员储蓄更多的同时并没有要他们牺牲当前的收入。

投资不足对创新活动来说也是个很大的问题。从经济学角度考虑，会有创新投资不足的倾向性。根据现代创新理论建立者约瑟夫·熊彼特（Joseph Schumpeter）的学说，机构对创新的投资往往会很少，因为新知识的保密和从投资中获得合适的回报率都是较为困难的。另外，创新的不确定性属性、其他有稳定现金流项目的天然优势以及削减创新投资转而投向短期内更为紧迫的项目的诱惑，这些都是导致创新投资不足的因素。即使公司的长期发展有赖于创新，而且也认识到了这一点，但对于创新仍然投资不足。

如果公司面临创新投资不足的风险，他们可以使用类似的机制。他们可以保护创新预算，承诺未来在研发上的支出水平，无论现在的运营状况如何。例如，公司可以制定一个研发强度（研发费用 / 销售收入），以使得创新预算与公司长期增长战略目标一致。如果颠覆性创新风险很大，也可以单独设立一个基金，支持较为激进的创新活动。重要的是，创新预算必须从战略角度制定，而不能与短期盈利项目放在同一平台竞争。最近一项对来自 39 个国家 1200 家公司的实验研究表明，拥有高于行业标准的研发支出的公司往往在资本市场上表现更好。[5]资本市场似乎都能认识到研发支出的战略性意义，因此公司的研发承诺可以提高投资者的预期，达到战略目的。

陷阱二

拒绝选择

投资者面临的一个主要挑战是选择过多。太多的选择压垮了大多数人。选择过多对财务决策主要有两个方面的影响。第一，人们常常屈就于默认的选项。第二，如果没有默认的选项，他们会变得犹豫不决。第一种现象在瑞典养老金体系中有所体现。2000 年，瑞典推行了一种养老金体系，要求公民将统筹养老金的一部分投资到共同基金，贷记他们的个人退休账户。这个机制提供了 650 种共同基金和一种政府管理的默认基金，人们是怎么处理这么多选项的呢？超过 90% 的人选择了默认基金，被自动加入政府基金中，这相当于没有进行选择。[6]换句话说，他们选择了阻力最小的方式。

在其他没有默认选项的情形中，过多选择会导致决策瘫痪。研究表明更多的选择会吸引更多的关注，但同时也会造成决策瘫痪，这在选择果酱种类和选择投资品种时都会发生。[7]当企业养老金计划的投资选择增加时，参与度就会下降。[8]所以，选择过多导致了选择无能，这时如果存在默认选择（没有主动选择时自动适用的选择），它很快会最受欢迎，因为人们总是追随阻力最小的路径。

行为学解决方案：设计合适的默认选择

默认选择的设计对克服选择无能很重要。许多研究表明通过改变默认选择能提高企业养老金计划的参与率。通常来说，雇员要做出主动选择才能加入养老金计划：他们必须进行勾选。因此，默认的选择就是不加入养老金计划。但是，如果加入计划才是默认选择，雇员要主动选择才能退出养老金计划，那么参与率一定会大大提高。[9]

提高公司的创新能力远比改变一个一次性决策的选择组合要复杂得多。但是，原理是可以类比的：既然创新本身不是自动的，创新的动机和环境就可以被制度化。这包括把创新变成常规工作的一部分、内部外部利益相关者的期望，以及一种公司文化。换句话说，公司的创新行为必须成为默认选择。用行为经济学的说法就是转换参照点。

以能量型饮料红牛为例，它成立于20世纪80年代中期，在短时间内成为自己创造的高成长性市场的领导者。它的快速成长归因于在营销方式上保持永久创新的制度化，将品牌和前卫的运动联系在一起。依赖于非传统市场，红牛设计了一些奇异的活动，如“飞行日”大赛，比赛自制的飞行器哪个能在空中待得更久；街舞大赛；悬崖跳水活动；肥皂和赛车比赛等。最新的一款活动是太空跳伞项目，从超高空自由落体，这应该算得上最壮观的竞技项目，共有800万优酷观众观看了这个节目。在红牛市场营销的案例里，默认选项是在某个特定的领域里创造出新奇的活动和体验，这提高了未来营销活动的标准，建立了内在和外在的更高期待，新的项目活动必将以此前的为参照点。

投资者在做决策时会产生“心理账户”（mental accounting）。每项投资会有一个单独的账户，并且该项投资的成功与否将通过对收益与成本的比较得出。以高于买入价卖出股票会给投资者带来喜悦，而以低于买入价卖出则会带来了痛苦。

陷阱三

见木不见林

投资涉及资产组合。根据经济学原理，投资者不应过分担忧组合中单一证券的表现，而要关注盈亏底线，也就是整个投资组合的风险和收益，无论某些证券是上涨还是下跌。

但是在现实世界里，股票投资者往往无法做到这一点，他们多半盯着某些股票而忽视了这些股票其实只是投资组合的一部分。投资者的心里会有一个“心理账户”，每项投资会有一个单独的账户，并且该项投资的成功与否将通过对成本和收益的比较得出。以高于买入价卖出股票会给投资者带来喜悦，而以低于买入价卖出则会带来了痛苦。因此，投资者往往在获利时迅速兑现，而对损失却有很强的心理壁垒。换句话说，他们不考虑投资的未来收益，不与其他投资选择进行比较，只是紧紧抓住眼前的。

现实中存在着好几种行为学效应。第一个是“损失厌恶”。顾名思义，指的是对发生损失的厌恶。第二个相关的是“禀赋效应”。人们一旦拥有某项物品，那么对它的评价要远远高于拥有前，无论是股票、咖啡杯还是计划，一旦拥有就想保留。第三个效应与参照点有关。人们常常利用任意参照点做出决策，对于股票，往往是初始价格。他们根据这个参照点判断其未来的走势，他们的决策是基于一个无关紧要的精神指标。综上所述，这些倾向有力地结合在一起，与整体思维方式形成鲜明的对照。

行为学解决方案：使用组合视角

避免这个投资陷阱的有效方法是有意识地转变思维方式，这可能需要投资者跳出组合框架，从10000英尺的距离看待投资组合。换句话说，要避免只关注单个证券，要整体性地看待整个组合。

这意味着在做资产配置最基本的决策时，要从组合的层面设置风险措施和预期收益。研究证明，约90%的基金表现都依赖于高水平的资产配置。[10] 很多机构投资者在决定资产配置前会设定收益目标值，并考虑他们是否能承受相应的风险。

投资中的“心理账户”与计划和创新投资中的“沉没成本”误区是一致的。很多情况下，公司会选择在不好的项目上追加投资，试图至少收回初始投资，但因此要牺牲其他更有前景的项目，这就是诺贝尔经济学奖得主丹尼尔·卡内曼（Daniel Kahneman）所谓的“承诺升级”。[11]

把各种创新项目看作是一个投资组合可以有效避免“承诺升级”的困境。首先，创新项目及其绩效评估应该建立在整体组合的基础上，而不是对单个项目进行管理。由于创新的内在不确定性，要做好有些项目会成功有些会失败的心理准备，关键目标是保证创新项目的总体表现良好。

其次是有关投资组合的构建。创新项目和投资一样有不同的风险收益水平，可能是激进的（高风险、高收益），或是保守的（低风险、低收益），也可能是两者之间的不同等级。为了把关注点从单个项目转移到整体组合的层面，可以有意识地区分各个项目的风险收益，然后根据提前拟定的目标值进行项目组合与管理。

投资者在构建投资组合时，会在高风险的新科技公司和政府债券这两个极端资产之间取得平衡。与此类似，创新管理者也可以用高风险/高收益和低风险/低收益资产的平衡构建一个组合，以此管理组合收益和风险。这种新兴的创新组合应该与公司的整体发展战略保持一致，强劲的发展目标可能需要一个风险和收益都相对较高的创新组合。

陷阱四

熟悉偏好

人们都有很强的倾向去关注自己所知道的，往往会依赖于易得或易于回忆的信息。本能促使我们更偏好熟悉的东西，因为它们更安全，而那些不熟悉的事物可能蕴含着新的未知的风险。在情感层面上也是如此，大量证据表明人们更偏好熟悉的东西。

在投资领域有很多相关现象。出于退休投资的目的，过于依赖员工股，从风险角度来看，这可能不是明智的选择。如果公司破产，你将同时失去工作、收入和退休储蓄。但目前的数据显示，即使有安然、雷曼等众所周知的“血的教训”，还是有超过一半的美国雇员将储蓄投资在员工股上。[12]

这种行为偏好还影响着国际投资。资本市场理论的结论是要尽可能分散化投资，但大量的投资者还是偏重自己国家的资产。根据国际货币基金组织的统计，2005年美国人的投资组合中87%都是投资于国内证券，德国人是72%，[13]占全球市场资本总值的比例美国为43%，德国为3%，熟悉的领域对投资者有着绝对的吸引力。他们往往没有充分实现投资多元化，这意味着给定收益水平，他们将面临更大的风险，或者说给定风险水平，他们获得的收益更低。[14]

行为学解决方案：把鸡蛋放在尽可能多的篮子里

在投资中，通过克服情感上对熟悉事物的偏好，有意识地尽量多元化投资，包括地区、资产种类、具体证券等方面的分散化。这对个人投资者来说是很困难的，因此机构投资者、财务顾问和共同基金也就应运而生，帮助人们做投资决策。

在创新领域，“熟悉偏好”与“非我发明症”(not-invented-here syndrome)是类似的，本能使然，人们常常觉得内在产生的想法往往比外来的更优越、更可行。对新想法的背景越熟悉，就越容易建立联系。

其他要考虑的因素主要是创新组合有哪些来源，为了避免“熟悉偏好”，创新者需要像投资者分散化投资那样，多元化创新理念的来源。

以德国著名制造业企业科德宝（Freudenberg）为例。该企业有37000名员工，业务遍布57个国家，企业最大的部门——科德宝密封技术引入一种“整体创新法”以拓宽创意的来源渠道。该公司发开了一种条理性很强的趋势监测系统，掌握每个市场部门的动态。公司会与客户讨论每一种趋势，将其与客户的问题、需求进行对比，然后在创新的早期阶段收集客户的反馈。产品研发是在一个专门的跨学科的创新中心进行的，科德宝会召集一些外部专家（主要来自学术界）以便获得新的创意。公司与大学保持密切联系，经常与大学教授合作开展研究项目，还定期在峰会或科研日与客户、专家、业内人士讨论有利于公司发展的趋势。在创新的每一阶段，这个外部生态圈和持续不断的外部反馈极大地帮助公司多元化信息渠道，并实现了市场导向型的创新。

良好的行为

用行为学的观点看待创新可以带来更有效的创新过程和结果，在这个意义上，行为学的研究模式与其他模式对创新管理并无太大差异。它是反映现行惯例、识别弱点、提供方向的良好框架。另外，它让我们意识到人类有与生俱来的习惯和直觉上的偏向性。行为金融学的兴起预示着将感知偏向性纳入考量，能够帮助投资者提高投资业绩，并很可能提高创新投资的回报。

尾注

1. George Castellion and Stephen K. Markham, “Perspective: New product failure rates: Influence of argumentum ad populum and self-interest,” Journal of Product Innovation Management 30, no. 5 (2013).
2. Brigitte C. Madrian and Dennis F. Shea, “The power of suggestion: Inertia in 401(k) participation and savings behaviour,” Quarterly Journal of Economics 116, no. 4 (2001): pp. 1,149–1,187.
3. John Beshears, James Choi, David Laibson, and Brigitte Madrian, “Helping employees help themselves,” Milken Institute Review, 2006.
4. Richard Thaler and Shlomo Benartzi, “Save more tomorrow: Using behavioral economics to increase employee saving,” Journal of Political Economy 112/1 (2004).
5. Deutsche Bank Research, Capital markets reward R&D, June 2011, <www.dbresearch.com>.
6. Waldo Tapia and Juan Yermo, “Implications of behavioural economics for mandatory individual account pension systems,” OECD working papers on insurance and private pensions, no. 11 (2007).
7. 在一系列的实验中，哥伦比亚商学院的 Sheena Iyengar 发现更多的选择会吸引更多的关注和更少的决策。研究者在杂货店内组织了一场果酱实验，陈列了 6 或 24 种异国口味的果酱。结果是果酱越多，越多的行人被吸引驻足。但浏览多种果酱的顾客中只有 3% 最终购买了果酱，而浏览种类少的果酱的顾客里有 30% 最终购买了果酱。更多细节，请参考 Sheena Iyengar and Mark Lepper, “Choice and its consequences: On the costs and benefits of self-determination,” Self and Motivation: Emerging Psychological Perspectives, ed. Abraham Tesser, Diederik A. Stapel, and Joanne V. Wood (Washington, D.C.: American Psychological Association, 2002).
8. Gary Mottola and Stephen Utkus, Can there be too much choice in a retirement savings plan?, Vanguard Center for Retirement Research, June 2003.
9. James Choi, David Laibson, Brigitte Madrian, and Andrew Metrick, “Saving for retirement on the path of least resistance,” Harvard University working paper, July 2004.
10. Roger G. Ibbotson and Paul D. Kaplan, “Does asset allocation policy explain 40, 90, or 100 percent of performance?,” Financial Analysts Journal, 2000.
11. Daniel Kahneman and Amos Tversky, “Prospect theory: An analysis of decisions under risk,” Econometrica, 1979.
12. Employee Benefit Research Institute, 401(k) plan asset allocation, account balances, and loan activity in 2012, EBRI issue brief no. 394, December 2013.
13. Hisham Foad, “Familiarity bias,” Behavioral Finance: Investors, Corporations, and Markets, ed. Kent Baker and John Nofsinger (Wiley, 2010).
14. 还有很多其他的对“国际投资中的本土偏好”的释义，强调制度上和信息上的因素，以及交易成本。其中包括对于本土的公司或宏观经济形势信息的获取能力，以及对于国际投资复杂税务法规信息的获取能力。更多细节，请参考 Hisham Foad, “Familiarity bias,” Behavioral Finance: Investors, Corporations, and Markets, ed. Kent Baker and John Nofsinger (Wiley, 2010).

原文刊登于 Deloitte University Press 出版刊物 Deloitte Review 第 15 期，感谢德勤中国翻译组。

Deloitte.
德勤

1 许思涛 | 德勤中国首席经济学家 合伙人 | 邮件：sxu@deloitte.com.cn

2/5 侯　珀 | 德勤中国科技、传媒和电信行业领导人 | 邮件：pohou@deloitte.com.cn

2 周锦昌 | 德勤中国成长企业市场与服务主管合伙人 | 邮件：wilchou@deloitte.com.cn

3 董伟龙 | 德勤中国制造业主管合伙人 | 邮件：rictung@deloitte.com.cn

4 阿迪．卡立夫 | 德勤中国能源与资源行业主管合伙人 | 邮件：adikarev@deloitte.com.hk

4 徐　斌 | 德勤中国电力和供电行业主管合伙人 | 邮件：kxu@deloitte.com.cn

6 何马克博士 | 德勤中国汽车行业管理咨询主管合伙人 | 邮件：mhecker@deloitte.com.cn

7/8 Jon Warshawsky | Deloitte Review 主编 | 邮件：jwarshawsky@deloitte.com

如希望了解更多报告和相关信息，请登陆德勤中国官方网站 www.deloitte.com.cn

Should you wish to learn more about the report and relevant information, please log on www.deloitte.com.cn

《德勤新视界》读者调查问卷

1. 本辑所有栏目中，您最感兴趣的栏目是哪一个？					
请您按照以下标准打分：	5（非常好）	4（较好）	3（说不准）	2（较差）	1（非常差）
资本市场	☐	☐	☐	☐	☐
行业趋势	☐	☐	☐	☐	☐
管理智慧	☐	☐	☐	☐	☐
创新	☐	☐	☐	☐	☐

2. 本辑所有文章中，对您最有启发和帮助的是哪一篇？					
请您按照以下标准打分：	5（很有帮助）	4（有些帮助）	3（说不准）	2（没什么帮助）	3（没有帮助）
新常态 新金融	☐	☐	☐	☐	☐
高科技企业重拾快速增长	☐	☐	☐	☐	☐
中国装备制造业服务创新调查	☐	☐	☐	☐	☐
中国电力行业新兴议题	☐	☐	☐	☐	☐
引爆新媒体时代	☐	☐	☐	☐	☐
变化中的交通模式	☐	☐	☐	☐	☐
零售业成功之道	☐	☐	☐	☐	☐
避开创新中的行为陷阱	☐	☐	☐	☐	☐

3. 您从哪一个渠道获得 / 关注到本书 / 本书中某篇文章

☐ 德勤员工向您赠阅　☐ 企业管理人员向您推荐　☐ 公开商务场合

☐ 论坛 / 峰会 / 交易会现场陈列　☐ 德勤中国官方网站　☐ 其他媒体转载

4. 除了本辑所关注的行业之外，您目前特别关注的行业是：________________

5. 除了本辑所讨论的话题之外，您目前特别关注的话题是：________________

6. 您今后是否想继续收到德勤中国编辑的《德勤新视界》（☐ 是　☐ 否）

您填写完成调查问卷后，可以发送传真或电子邮件到以下联系方式：

FAX: +86 21 6335 0003 《德勤新视界》编辑组 收

Email: cric@deloitte.com.cn

谢谢您的阅读与合作！

德勤中国联系方式

北京
德勤华永会计师事务所（特殊普通合伙）
北京分所
中国北京市东长安街 1 号
东方广场东方经贸城德勤大楼 8 层（100738）
电话：+86 10 8520 7788
传真：+86 10 8518 1218

成都
德勤咨询 (成都) 有限公司
中国成都市人民南路二段 1 号
仁恒置地广场写字楼 34 层 3406 单元（610016）
电话：+86 28 6210 2383
传真：+86 28 6210 2385

重庆
德勤咨询 (重庆) 有限公司
中国重庆市渝中区解放碑民权路 28 号
英利国际金融中心 33 层 8 单元（400010）
电话：+86 23 6310 6206
传真：+86 23 6310 6170

大连
德勤华永会计师事务所（特殊普通合伙）
大连分所
中国大连市中山路 147 号森茂大厦 1503 室（116011）
电话：+86 411 8371 2888
传真：+86 411 8360 3297

广州
德勤华永会计师事务所（特殊普通合伙）
广州分所
中国广州市天河路 208 号
粤海天河城大厦 26 楼（510620）
电话：+86 20 8396 9228
传真：+86 20 3888 0119 / 0121

杭州
德勤商务咨询 (杭州) 有限公司
中国杭州市教工路 18 号
欧美中心企业国际 A 区 605 室（310013）
电话：+86 571 2811 1900
传真：+86 571 2811 1904

哈尔滨
德勤管理咨询 (上海) 有限公司
哈尔滨分公司
中国哈尔滨市南岗区长江路 368 号
开发区管理大 1618 室（150090）
电话：+86 451 8586 0060
传真：+86 451 8586 0056

香港
德勤 • 关黄陈方会计师行
香港金钟道 88 号太古广场一座 35 楼
电话：+852 2852 1600
传真：+852 2541 1911

济南
德勤咨询 (上海) 有限公司
济南办事处
中国济南市泺源大街 150 号
济南中信广场 A 座十层 1018 单元（250011）
电话：+86 531 8518 1058
传真：+86 531 8518 1068

澳门
德勤 • 关黄陈方会计师行
澳门殷皇子大马路 43-53A 号澳门广场 19 楼 H-N 座
电话：+853 2871 2998
传真：+853 2871 3033

南京
德勤华永会计师事务所（特殊普通合伙）
南京分所
中国南京市汉中路 89 号金鹰国际商城 11 层（210029）
电话：+86 25 5790 8880
传真：+86 25 8691 8776

上海
德勤华永会计师事务所（特殊普通合伙）
中国上海市延安东路 222 号外滩中心 30 楼（200002）
电话：+86 21 6141 8888
传真：+86 21 6335 0003

深圳
德勤华永会计师事务所（特殊普通合伙）
深圳分所
中国深圳市深南东路 5001 号华润大厦 13 楼（518010）
电话：+86 755 8246 3255
传真：+86 755 8246 3186

苏州
德勤商务咨询 (上海) 有限公司
苏州分公司
中国苏州市工业园区苏惠路 88 号
环球财富广场 1 幢 23 楼（215021）
电话：+86 512 6289 1238
传真：+86 512 6762 3338 / 3318

天津
德勤华永会计师事务所（特殊普通合伙）
天津分所
中国天津市和平区南京路 189 号
津汇广场写字楼 30 层（300051）
电话：+86 22 2320 6688
传真：+86 22 2320 6699

武汉
德勤咨询 (上海) 有限公司
武汉办事处
中国武汉市建设大道 568 号
新世界国贸大 38 层 02 号（430022）
电话：+86 27 8526 6618
传真：+86 27 8526 7032

厦门
德勤咨询 (上海) 有限公司
厦门办事处
中国厦门市思明区鹭江道 8 号
国际银行大厦 26 楼 E 单元（361001）
电话：+86 592 2107 298
传真：+86 592 2107 259